AUGUSTO PASQUOTO

RAZÃO E FÉ

Reflexões para uma fé adulta

EDITORA
SANTUÁRIO

Direção editorial:
Pe. Fábio Evaristo Resende Silva, C.Ss.R.

Revisão:
Cristina Nunes

Coordenação editorial:
Ana Lúcia de Castro Leite

Diagramação e Capa:
Bruno Olivoto

Copidesque:
Luana Galvão

Dados Internacionais de Catalogação na Publicação (CIP)
(Câmara Brasileira do Livro, SP, Brasil)

Pasquoto, Augusto
  Razão e fé: reflexões para uma fé adulta / Augusto Pasquoto. Aparecida, SP: Editora Santuário, 2015.

  ISBN 978-85-369-0375-0

  Cristianismo 2. Espiritualidade 3. Fé e razão 4. Religião e ciência 5. Religiosidade I. Título.

15-03706   CDD-215

Índices para catálogo sistemático:
1. Ciência e fé 215
2. Fé e ciência 215

A marca FSC® é a garantia de que a madeira utilizada na fabricação do papel deste livro provém de florestas que foram gerenciadas de maneira ambientalmente correta, socialmente justa e economicamente viável.

3ª impressão

Todos os direitos reservados à **EDITORA SANTUÁRIO** – 2019

 Rua Pe. Claro Monteiro, 342 – 12570-000 – Aparecida-SP
Tel.: 12 3104-2000 – Televendas: 0800 - 16 00 04
www.editorasantuario.com.br
vendas@editorasantuario.com.br

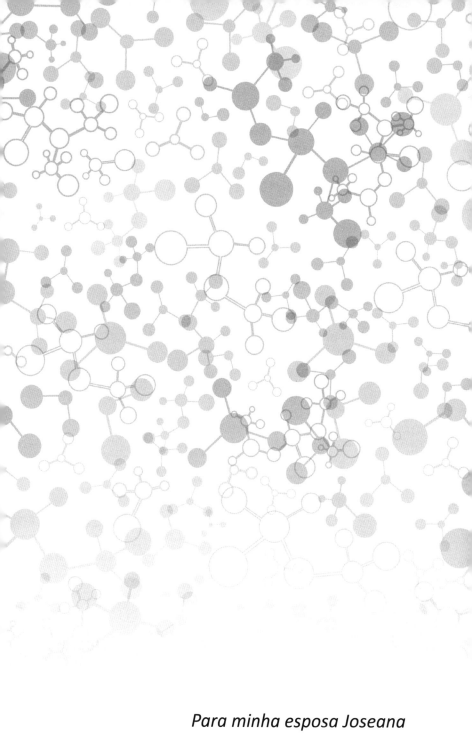

Para minha esposa Joseana

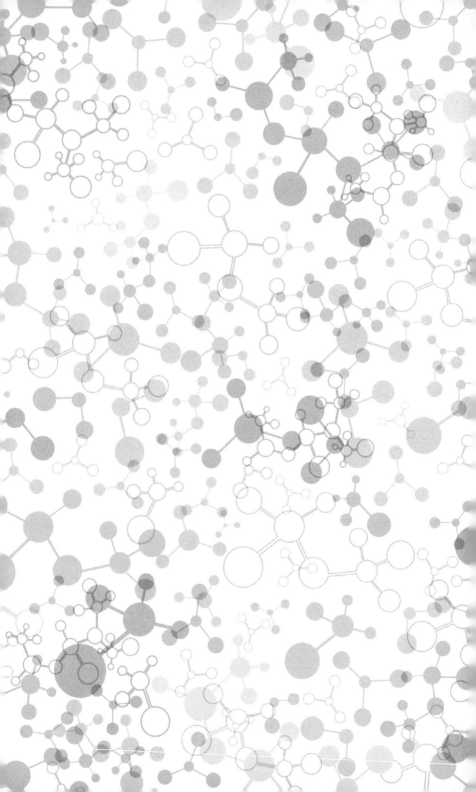

SUMÁRIO

Introdução | 7

1. O fenômeno religioso | 9
2. Fé e ciência | 17
3. Deus existe? Quem é? Como é? Onde está? | 31
4. Quem é Deus? Como Ele é? | 43
5. A origem do homem | 51
6. O Deus família | 59
7. Nossas atitudes para com Deus | 67
8. O plano grandioso de Deus | 75
9. A essência do cristianismo | 81
10. A lei de Cristo versus a lei do mais forte | 93
11. O problema do mal | 97
12. Dúvidas na fé | 107
13. O pecado original | 119
14. O ecumenismo | 127
15. As últimas coisas | 135

Conclusão | 143

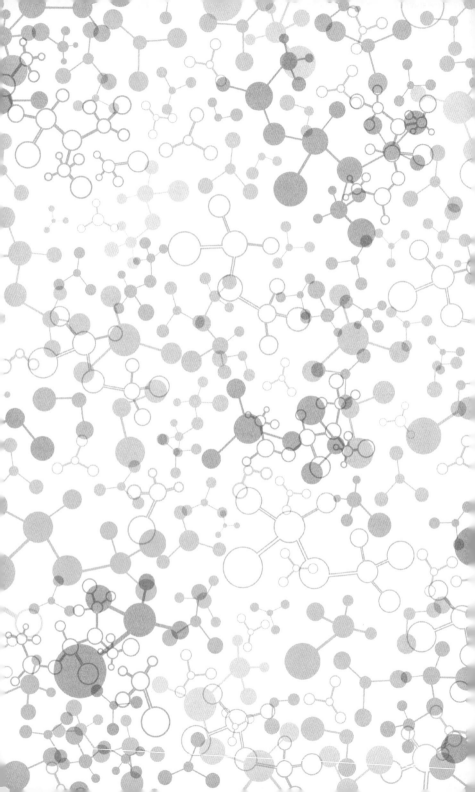

 # INTRODUÇÃO

Existe hoje em dia certa tensão entre fé e ciência. É o que, às vezes, transparece nas declarações de alguns cientistas e nas publicações da mídia. Mas, para a Igreja católica, fé e ciência podem e devem ser aliadas; e ambas, de mãos dadas, podem contribuir efetivamente para que o ser humano viva em equilíbrio.

Fé e ciência são duas forças da mente humana que provocam e ajudam uma a outra. A ciência provoca o crente e o ajuda a usar da inteligência e do raciocínio, de modo especial quando ele reflete sobre Deus e suas manifestações no mundo. A fé, por sua vez, ajuda o homem de ciência a perceber que existe, além do mundo material, um outro mundo que escapa a suas previsões científicas, mas que pode ser real, que está acima da razão, mas não contra ela.

Fé e ciência são como dois trilhos paralelos que nunca devem distanciar-se um do outro. Devemos viver nossa vida apoiando-nos em ambos, não apenas em um deles, para não provocar um descarrilamento em nossa viagem para um futuro melhor.

A ciência sozinha, isoladamente, não preenche toda a nossa vida; satisfaz-nos até um certo ponto e até mesmo nos oferece grandes coisas. Mas, para nossa plena realização necessitamos das coisas da fé. Somente com a ciência, o ser humano fica incompleto e inquieto. O progresso aumentou nossas capacidades físicas e materiais, mas não a nossa grandeza moral e humana. Os grandes sofrimentos que se abateram sobre a humanidade nos últimos tempos, como as grandes guerras mundiais e os campos de concentração, estão nos indicando que precisamos cada vez mais crescer espiritualmente para encontrar o equilíbrio. Sem a fé e a religião o mundo não funciona adequadamente. Atingiremos o equilíbrio quando ciência e fé andarem de mãos dadas.

1 | O FENÔMENO RELIGIOSO

Desde os tempos mais remotos, desde o dia em que o *Homo sapiens* se entendeu como gente, ele se revelou também *Homo religiosus*. A História das Religiões comprova que não existiu nem existe nenhum povo ou tribo sem religião ou sem qualquer tipo de espiritualidade. O fenômeno religioso é universal. O antropólogo canadense Edward Norbeck (1964) afirma que não se conhece nenhuma sociedade sem ideias e sem rituais religiosos, nenhuma sem crença em almas e em seres espirituais ou sem crença em uma vida após a morte.

Houve uma única dúvida: os primeiros exploradores que estiveram na Terra do Fogo voltaram dizendo que os indígenas fueguinos não tinham nenhum tipo de religião. O naturalista Charles Darwin, que esteve de passagem naquela localidade, primeiramente constatou o grande atraso deles: "Quão completa é a diferença entre o homem selvagem e o civilizado. É maior do que entre um animal selvagem e um domesticado... Acredito que, se o mundo fosse pesquisado, nenhum grau inferior de homem poderia ser encontrado"[1]. E concluiu afirmando que, segundo tudo indicava, eles não tinham nenhuma religião.

Acontece que os primeiros exploradores tiveram pouco contato com os indígenas, apenas os observando de longe, dos navios ou tendo rápidos contatos com eles. Mais tarde,

---

[1] Cf. Adrian Desmond e James Moore. *Darwin – a vida de um evolucionista atormentado*. 3. ed. Editora Geração Editorial, 2000, p. 150.

porém, outros pesquisadores estiveram entre eles por mais tempo e descobriram que os fueguinos eram religiosos; e mais: eram monoteístas, pois acreditavam em um Ser Supremo. O famoso antropólogo alemão Martin Gusinde (1886-1969) conviveu com os fueguinos por dois anos e meio, aprendeu sua língua e seus costumes e foi admitido pelos índios como um deles, como um membro ativo de sua comunidade, participando inclusive das reuniões secretas dos homens. Escreveu o livro *Os indígenas da Terra do Fogo* em três volumes publicados em 1937, em que afirma que as três tribos fueguinas reconhecem um único Deus Supremo como uma autoridade autônoma e independente, de natureza espiritual pura. Esse Deus vive além das estrelas e não tem nem mulher nem filhos nem vive acompanhado de outros seres. Governa a todos e a todas as coisas e está continuamente vigilante e atento a tudo o que acontece na terra. Vive desde o começo e não morre nunca. Os índios dirigem-se a Ele como a um "Pai que está lá em cima" e pedem que Ele os proteja numa viagem com canoa, que a caça seja abundante ou que o tempo seja favorável, dirigindo-lhe esta oração: "Seja bom hoje conosco, meu Pai". Quando o tempo está ameaçador, a índia implora: "Ajude-me, meu Pai, salve minha canoa". E quando a viagem foi feliz ou a caça abundante, não deixam de agradecer: "Agradeço-lhe, meu Pai, porque um tempo bom me acompanhou". Acreditam também em uma alma imortal. Estão plenamente convencidos que pela morte a alma se separa do corpo e depois continua vivendo invisível, porque é um ser espiritual. Nunca mais voltará a entrar em contato com seus familiares.

Hoje não há mais dúvida: o fenômeno religioso é universal, sem exceção. O homem traz consigo um misterioso desejo de Deus. Por isso, o *Catecismo da Igreja Católica* inicia com a seguinte consideração: "O desejo de Deus está inscrito no coração humano, porque o homem foi criado por Deus e para Deus; e

1 | O FENÔMENO RELIGIOSO

Deus não cessa de atraí-lo para si, e somente em Deus o homem encontrará a verdade e a felicidade que busca sem parar" (Catecismo da Igreja católica, 27. São Paulo: Loyola, cap. 1).

O famoso psicanalista Carl Jung, conterrâneo e discípulo de Freud, depois de muitos anos de prática de psicanálise chegou à conclusão de que as pessoas que tentam viver sem nenhum tipo de crença religiosa perdem o sentido da vida e estão sujeitas a doenças e a problemas psicológicos:

> Durante os últimos 30 anos, pessoas de todos os países civilizados têm me consultado. Entre meus pacientes que estão na segunda etapa da vida – isto é, acima de 35 anos – não houve nenhum cujo problema, em última análise, não tenha sido a busca de uma visão religiosa da vida. É desnecessário dizer que todos adoeceram porque tinham perdido o que as religiões vivas, em cada época, têm dado a seus seguidores. E nenhum deles se curou realmente sem readquirir essa visão religiosa.[2]

Alguns evolucionistas tentaram aplicar a lei da evolução darwiniana ao fenômeno religioso, afirmando que primeiro o ser humano foi politeísta, acreditando em muitos deuses e, depois, a religião evoluiu para o monoteísmo. Mas, essa teoria não se sustentou, porque se descobriu que os povos mais primitivos, como os fueguinos, os pigmeus da África e os aborígenes australianos acreditavam em um Deus Supremo. A ideia do monoteísmo parece ser mais antiga do que a fé judaica.

Na história da humanidade houve tentativas para abolir a religião. Talvez a principal de todas tenha sido o marxismo que tentou acabar com ela por decreto, à força. Mas não conseguiu. Depois que o comunismo caiu, a religião voltou com vigor na União Soviética e em outros países que haviam adotado o marxismo.

---

[2] Carl Jung. Modern. Man In: *Search of Soul*. New York: 1933, p. 259.

RAZÃO E FÉ | Reflexões para uma fé adulta

As estatísticas confirmam que a religiosidade é viva em todo o mundo. Nos Estados Unidos, país dos mais adiantados em ciência e tecnologia, foi feita uma pesquisa em 1994 com os seguintes resultados: 96% da população acreditam em Deus ou em algum ser superior; 90% na existência do céu; 79% em milagres; 73% no inferno e 65% no demônio. Mais da metade dos norte-americanos (55%) acreditam que a Bíblia é inspirada por Deus. Corroborando esses dados, em 1995, 43% dos norte-americanos afirmaram que iam à Igreja ou à sinagoga pelo menos uma vez por semana; 90% disseram que rezavam algumas vezes por dia e 80% liam a Bíblia Sagrada.[3]

O filósofo Nietzsche havia proclamado em fins do século XIX que Deus estava morto. E em meados do século passado acreditava-se que a religião estava desaparecendo e que, com o tempo, o mundo religioso seria substituído por um mundo secular. Mas, nada disso aconteceu. Ao contrário, a religião fez uma reviravolta. Em abril de 1980, a revista *Time* publicou o seguinte comentário sobre esse fenômeno da virada da religião: "Numa silenciosa revolução de pensamento e de argumentos que dificilmente seria prevista apenas duas décadas atrás, Deus está de volta. O mais intrigante é que isso está acontecendo nos círculos intelectuais de filósofos acadêmicos".

Deus não desapareceu, como se previa. Há quem diga até que, de todas as grandes descobertas da ciência moderna, Deus é a maior.

ESPIRITUALIDADE E RELIGIÃO

Alguns anos atrás, os meios de comunicação anunciaram um escândalo no governo dos Estados Unidos: um caso amoroso entre o presidente e uma estagiária na Casa Branca chamada

---

[3] Dr. Roque Marcos Savioli. *Fronteiras da ciência e da fé*. Editora Gaia, 2006, p. 31.

1 | O FENÔMENO RELIGIOSO

Mônica Lewinsky. Quando um repórter perguntou a Mônica se ela não considerava pecado o que tinha feito com o presidente, ela respondeu: "Eu não sou muito religiosa, sou mais espiritual". Parece que ela quis estabelecer diferença entre espiritualidade e religião. Muitos teólogos admitem essa diferença. Dizem que a espiritualidade é baseada na consciência; a religião, no conhecimento. A espiritualidade é uma característica dos seres humanos, existe em todos os povos, é universal. A religião é alguma manifestação particular da espiritualidade. Essa manifestação se realiza através da cultura, da tradição e das crenças de cada povo, tribo ou raça. Cada cultura tem sua própria forma de religião.

Alguns estudiosos chegam a dizer que a espiritualidade é genética, isto é, que é herdada, que passa de pai para filho através dos genes. Nascemos com a espiritualidade dentro de nós. O biólogo Dean Hamer tentou provar que existe um gene específico que é responsável pela transmissão da espiritualidade. Diz ele que a espiritualidade é genética (adquirida geneticamente), enquanto que a religião é memética (adquirida através dos "memes", isto é, pela transmissão das culturas e tradições).[4] O papa Bento XVI parece admitir essa ideia, quando confessou sua admiração pela espiritualidade forte dos espanhóis: "Existe uma vitalidade da fé que está enraizada no DNA dos espanhóis".[5]

O médico Raul Marino Jr., especialista em neurocirurgia, apoia a ideia: "Possuímos hoje razoável evidência científica de que existem áreas no cérebro humano responsáveis pela geração de uma consciência espiritual ou religiosa, ali instalada pala própria natureza ou por seu Criador".[6] Os fenômenos religiosos não se processam no "vazio", eles se apoiam em algum substrato cerebral.

---
[4] Dean Hamer. *The God Gene*. New York: Anchor Books, 2005, p. 213.
[5] Papa Bento XVI. *Luz do Mundo – o papa, a Igreja e os sinais dos tempos*. Editora Paulinas, 2011, p. 146.
[6] Raul Marino Jr. *A Religião do Cérebro – As novas descobertas da neurociência a respeito da fé humana*. 4. ed. Editora Gente, p. 89.

Religião e espiritualidade são coisas diferentes, mas interdependentes. A religião é a manifestação da espiritualidade. Cada pessoa nasce com o gene da espiritualidade, mas não com uma religião determinada. A espiritualidade está em nosso íntimo, é algo subjetivo, impossível de ser tomado e difícil de ser medido. A religião, por sua vez, é adquirida pela transmissão cultural advinda dos pais e da sociedade. A espiritualidade vem de dentro. A religião vem de fora. Por exemplo, uma pessoa que nasce em uma família católica, recebe a tradição do catolicismo dos pais, normalmente, seguirá a religião católica; outra que nasce em uma família ou sociedade muçulmana, provavelmente, adotará o islamismo como religião ou como expressão de sua espiritualidade.

A FUNÇÃO DA RELIGIÃO

Podemos considerar a *religião* como sendo o conjunto das crenças práticas, rituais e liturgias que vão se formando através dos tempos e são passadas de geração para geração. A religião auxilia na aproximação com o sagrado (Deus, o Absoluto, Força Superior). E *religiosidade* é a manifestação exterior das crenças, por exemplo, através da frequência aos serviços religiosos.

Dizem que a palavra religião vem do verbo latino *religare*, que significa ligar de novo. De fato, a principal função da religião é criar um vínculo entre o ser humano e o ser transcendente, entre a criatura e o Criador. É o elo que liga o ser humano a um ser que está além, um ser "santo", isto é, separado do mundo, alguém diferente. Como vimos acima, a procura instintiva do ser transcendente é uma característica própria dos humanos, presente em todos os povos. O homem é religioso por natureza, é teantrópico.

Além dessa função evidente, toda religião se preocupa também em transmitir normas éticas e de comportamento aos membros que formam a comunidade religiosa. Por isso,

1 | O FENÔMENO RELIGIOSO

a religião é um fenômeno cultural, porque cria e conserva as manifestações culturais, como aconteceu, por exemplo, na Idade Média. Em cada época, as comunidades religiosas expressam sua espiritualidade de maneiras diversas e com rituais diferentes. Mas, o objetivo é sempre o mesmo: atingir o transcendente, o Outro que está além.

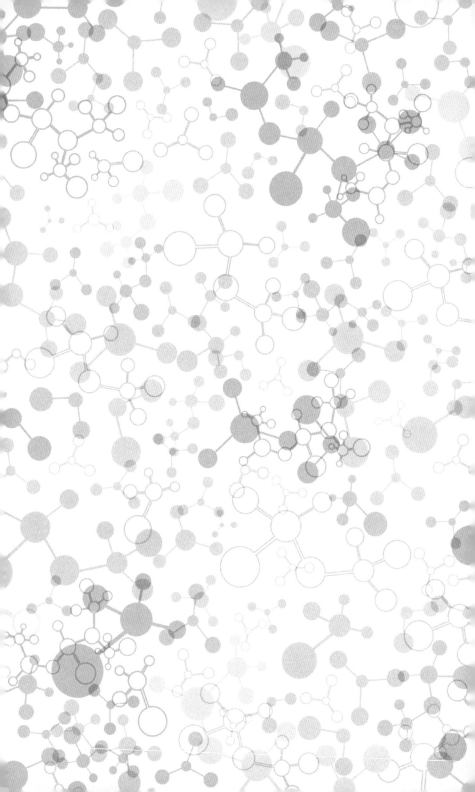

2 | FÉ E CIÊNCIA

Espiritualidade, religião e fé são coisas que estão sempre juntas e entrelaçadas. São interdependentes. Ninguém é religioso sem fé.

Mas, o que é a fé? Não é fácil dar uma definição em poucas palavras, pois a fé traz em si vários elementos, abrangendo o intelecto, a vontade, os sentimentos, o comportamento. Em uma audiência pública de 17 de outubro de 2012, o papa Bento XVI afirmou:

> Ter fé no Senhor não é algo que interessa apenas a nossa inteligência, à área do saber intelectual, mas é uma mudança que envolve a vida, todo o nosso ser: sentimento, coração, inteligência, vontade, corporeidade, emoções, relacionamentos. Com a fé realmente tudo muda em nós e para nós, e revela com clareza nosso destino futuro, a verdade de nossa vocação na história, o sentido da vida, o gosto de ser um peregrino em direção à pátria celestial.

A fé é uma experiência subjetiva que nasce e cresce quando a pessoa se abre a um ser transcendente, isto é, alguém que está além, em outro mundo, e que estabelece um relacionamento conosco de amizade e dá sentido a nossa vida. Dessa relação com o ser transcendente nasce um sentimento que podemos chamar de *experiência religiosa*. A fé é a expressão dessa experiência que se traduz no encontro com o tu transcendente. Crer vem do latim *credere*, que muitos explicam ter sua origem na expressão *cor dare*, que quer dizer "dar o coração". Portanto, crer é dar, é entregar-se a quem se ama, é uma experiência humana fundamental. Ter fé não é nada mais do que, na escuridão do mundo, tocar a mão de Deus.

Características da fé

Antes de prosseguir, é necessário fazer uma distinção importante. A fé pode ser considerada em uma tríplice dimensão: a *Doutrinal*, a *Confiante* e a *Expectante*.

A fé Doutrinal (fé que acredita), também chamada de Teologal, é aquela que tem por base o anúncio que recebemos na Igreja. Os artigos dessa fé estão contidos, de forma resumida, no "Credo" católico. É alimentada pela palavra de Deus. É dinâmica: vai crescendo na compreensão das verdades e na maneira de ser anunciada. Hoje em dia temos necessidade de uma fé doutrinal bem lúcida e transmitida com muita clareza pela Igreja, para distingui-la de tantas outras doutrinas que se espalharam pelo mundo.

A fé confiante tem seu fundamento na fé Doutrinal. Leva a pessoa a confiar plenamente na realização das promessas de Deus e a entregar-se totalmente a sua Providência (cf. Mt 6,25). Pela fé Confiante, o crente pratica a Palavra de Deus, vive segundo a mentalidade de Jesus Cristo; não só conhece os mandamentos com sua inteligência, mas vive os ensinamentos de Deus não como obrigação, mas por amor; experimenta e crê na bondade e misericórdia de Deus.

A fé Expectante, também chamada de Carismática, é definida na Coleção "Novo Pentecostes" (vol. III, p. 17) do seguinte modo: "É a fé que, como dom de oração, traz resultados extraordinários; quem ora com esta fé sabe, com certeza, mediante a ação do Espírito Santo, que aquilo que está pedindo lhe será concedido". No Novo Testamento existem vários exemplos de fé Carismática. Nos Atos dos Apóstolos há a narração de uma cura praticada por Pedro. Um aleijado era carregado todos os dias até a porta do Templo e lá permanecia pedindo esmolas. Vendo Pedro e João, que iam entrar no Templo, implorou que lhe dessem uma esmola. Pedro, porém, fitando nele os olhos, disse: "Olha para nós". Ele os olhava atentamente, esperando receber deles alguma coisa. Mas Pedro disse: "Não tenho nem ouro nem prata. O que tenho, porém, isto te dou: em nome de Jesus Cristo põe-te a caminhar". E, tomando-o pela mão, ergueu-o. E o aleijado começou a caminhar. E entrou com eles no Templo, andando, saltando e louvando a Deus (At 3,1-10).

Esse é um exemplo típico de fé Expectante. Aquele que possui essa fé, espera com absoluta certeza que uma palavra que disser ou uma ação que praticar vai causar um efeito desejado. É a fé "capaz de transportar montanhas". É um dom do Espírito Santo que é dado a uma pessoa para realizar um bem. Ninguém a possui por conta própria; é o Espírito que a dá para quem ele quer, quando e onde ele quer. Pedro certamente já tinha visto muitas vezes aquele aleijado pedindo esmola. Mas, foi só naquele dia que recebeu o dom e sentiu, com certeza absoluta, que suas palavras surtiriam efeito. O teólogo padre Isac Isaías Valle diz que não é preciso "fazer força" para ter fé carismática, nem forçar Deus a agir com "palavras de fé".[1] Não adianta a pessoa que está visitando um doente no hospital, tentar tomar na mão do doente e ordenar que ele levante; se o Espírito não lhe der o dom da fé carismática naquele instante, nada acontece.

Feitas essas distinções sobre os diversos tipos de fé, vamos concentrar nossas reflexões mais especificamente sobre a fé Doutrinal, aquela que é mais importante na vida do cristão. A fé Doutrinal ou Teologal possui algumas características:

---

[1] Cf. Pe. Isac Isaías Valle. *A Fé cristã – reflexões teológicas*. Editora Palavra e Prece, 2005, III Parte.

- É um ato de *assentimento*, de aceitação: o crente aceita conceitos e afirmações que não são evidentes para a razão. A *Constituição Dogmática sobre a Fé Católica*, formulada no Concílio Vaticano I, afirma que "pela fé cremos ser verdadeiro o que nos foi revelado por Deus e o cremos não pela intrínseca verdade das coisas, percebida pela luz natural da razão, mas pela autoridade do mesmo Deus que se revela, que não pode se enganar nem nos enganar".

- É um ato da *vontade*, livre e incondicionado: a fé é uma opção da vontade pela qual o crente decide se entregar a Deus de um modo definitivo e incondicional. As coisas reveladas não obrigam o crente a aceitá-las necessariamente. O crente permanece livre para dar sua resposta e seu assentimento.

- É um ato *razoável*: a fé não vai contra a razão humana; ela supera a razão, mas não age contra ela nem a ignora. O crente tem sempre razões para crer. Se desprezarmos a razão, nossa crença será absurda e ridícula. "A fé deve ser explicada e pode ser explicitada porque é racional", diz o papa Bento XVI. A teologia católica desde o início rejeitou o assim chamado *fideísmo*, segundo o qual devemos acreditar mesmo contra a razão (*Credo quia absurdum* – creio porque é absurdo). Deus não é um absurdo, embora seja um mistério; e o mistério não é contra a razão, mas está acima da razão, é um excesso de verdade. O mistério parece obscuro, não porque nele não haja luz, mas, ao contrário, porque há luz demais. Santo Agostinho dizia: "Compreenda para crer, e creia para compreender". O papa João Paulo II, na encíclica *Fides et ratio* (Fé e razão), resume: "A razão humana não é anulada nem humilhada quando presta assentimento aos conteúdos de fé, que são, em qualquer caso, alcançados por livre e consciente escolha". O ser humano tem um irresistível desejo da verdade, e só a relação harmoniosa entre a fé e a razão é o caminho certo que conduz a Deus e à realização de si mesmo.

- É *graça*, é um dom gratuito de Deus: o crente não é capaz por si só de alcançar nenhum conhecimento salvífico sem a graça divina. Mas, segundo a teologia cristã, a graça supõe a natureza. Isso quer dizer que a fé não é algo que está suspenso no ar, sem apoio, mas ao contrário, tem como base firme a natureza humana. E como na natureza humana existe uma tendência natural para a espiritualidade, pode-se dizer que a graça da fé repousa nessa tendência.
- É *ação*. A fé modifica nosso modo de viver: o crente não só dá seu assentimento às coisas reveladas, mas procura viver de acordo com aquilo que crê. A fé orienta para a ação, e sem ação ela é morta (Tg 2,14-22). Deve ser vivida na simplicidade do dia a dia, com gestos que podem parecer simples, mas são densos de sentido. Viver profundamente a fé não significa fazer grandes coisas, mas realizar com alma grande as pequenas coisas.

Características da ciência

Assim como a fé, a ciência também tem suas características específicas. Seu objetivo é o estudo do mundo físico e os fenômenos observáveis da natureza. Tudo o que eu posso ver, ouvir, sentir, medir, pesar, apalpar é objeto da ciência. Com base nas observações do mundo físico, o cientista consegue descobrir as leis que regem o universo.

O filósofo inglês Francis Bacon (1561-1626) foi o maior promotor e defensor da ciência como é concebida atualmente, baseada unicamente em provas empíricas, isto é, em provas concretas e palpáveis adquiridas através de experimentos e verificações. Esse modo de entender a ciência joga as questões religiosas – aquelas que eu não posso provar através de experimentos e de provas físicas – para o campo da fé ou da metafísica.

RAZÃO E FÉ | Reflexões para uma fé adulta

O físico brasileiro Marcelo Gleiser dá uma ideia muito boa sobre os papéis específicos da ciência e da religião: "É importante fazermos uma distinção entre o que a ciência pode e o que a ciência não pode tratar. Uma das coisas importantes nessa discussão é que existe uma grande diferença entre o *porquê* e o *como*, e a ciência é muito boa com o *como*". A ciência pergunta: Como esta coisa existe e funciona? A fé pergunta: Por que esta coisa existe e funciona deste jeito? O cientista procura saber, por exemplo, como o sol atrai para si os planetas. Newton explicou dizendo que a gravidade é uma força que atrai com o inverso do quadrado da distância. Essa é a típica explicação do *como*. Mas, se você perguntar "*por que* o sol gera essa força?", a ciência não tem nada a dizer. [2]

Em uma de suas palestras, o astrofísico inglês Stephen Hawking disse a respeito da teoria do *big bang*: "Nós estamos chegando perto de saber *como* o Universo se originou... Agora, *por que* o Universo se deu ao trabalho de resolver existir, essa é uma pergunta que só Deus pode responder". [3]

A ciência explica *como* funciona o mundo, e não *por que* o mundo funciona. A religião busca esse "por quê". Mas, a religião não pode ter a pretensão de explicar o "como". Nem a ciência, explicar o "porquê". A ciência deve reconhecer seus próprios limites. A religião, também.

FALSEABILIDADE

Uma das características da ciência é a *falseabilidade* – ou refutabilidade. Falseabilidade é um conceito na filosofia da ciência, introduzido por Karl Popper na década de 1930. Esse conceito diz que uma teoria só é científica quando é falseável,

---

[2] Cf. Waldemar Falcão. *Conversa sobre a Fé e a Ciência*. Editora Agir, 2011, p. 97-98.

[3] Citado por Waldemar Falcão, *ibidem*, p. 97.

ou seja, quando é possível prová-la falsa. Segundo Popper, o que não é falseável ou refutável não pode ser considerado científico. Uma teoria, por exemplo, que afirmasse que "todos os urubus são pretos" seria falseável, pois bastaria encontrar um urubu branco para que ela fosse refutada.

A teoria da gravitação universal de Isaac Newton é científica porque é falseável. Tanto é verdade que de fato o foi, quando a teoria da relatividade de Albert Einstein demonstrou que a mecânica newtoniana não era válida em velocidades próximas a da luz. E em meados do século passado os cientistas descobriram que as leis de Newton não valeram para o mundo das partículas atômicas, que é regido pelas leis da mecânica quântica e da incerteza. Mesmo assim, as teorias de Newton continuam válidas para a maioria das aplicações cotidianas no mundo visível, nos casos em que a velocidade é baixa em comparação a da luz.

Pode-se dizer que a própria teoria da relatividade de Einstein foi falseada. Ela pôde explicar tudo, menos o que aconteceu no exato momento do início do universo. Ela pôde explicar os fenômenos acontecidos frações de segundo após o *big bang*, mas não soube explicar o que aconteceu naquele exato momento. Por isso, os cientistas dizem que o *big bang* – o acontecimento que deu origem ao Universo – é uma singularidade, isto é, algo que não sabemos explicar pelas leis conhecidas nem sequer pela teoria de Einstein.

Quando uma teoria é falseada por uma observação que a contradiz, ela ou cai totalmente por terra ou é submetida a alguma alteração para corrigir sua falha. A ciência produz teorias falseáveis, que serão válidas enquanto não refutadas. Portanto, a ciência não produz dogmas.

Marcelo Gleiser confirma: "Não existe dogma na ciência, quer dizer, você tem teorias que são aceitas, mas essas teorias podem ser questionadas, até mesmo derrubadas ou complementadas no futuro".[4]

---

[4] Cf. Waldemar Falcão, *op. cit.*, p. 83.

Os dogmas proclamados pelas Igrejas não admitem falseabilidades, porque são apresentados como verdades absolutas. Portanto, não pertencem ao domínio da ciência. Por isso, só podem ser admitidos pela fé. Do mesmo modo, o dogma proclamado pelos materialistas segundo o qual "só existe a matéria e nada mais que a matéria" também não admite falseabilidade. Também não pertence ao domínio da ciência, não é uma afirmação científica; e é necessário ter algum tipo de fé para admiti-lo.

Atritos entre a Igreja e a ciência

No passado houve graves atritos entre a Igreja e alguns cientistas. O caso mais conhecido é o de Galileu (1564-1642). Em 1633 ele foi preso pela Inquisição por admitir a ideia de Copérnico, segundo a qual é a terra que gira em torno do sol, e não o sol em torno da terra. Galileu foi forçado a se retratar. Mas, ao contrário do que se diz, ele não foi torturado, não ficou nos cárceres da Inquisição nem acabou na fogueira. Morreu aos 78 anos, tendo a seu lado sua filha, freira católica. Mais tarde, depois que a ideia de Copérnico foi em geral aceita, Galileu foi reabilitado pelo papa Bento XIV, que concedeu a licença para a impressão de suas obras completas.

No século XVIII houve um dos maiores estremecimentos entre fé e ciência. No início do século, começou a dominar na França um movimento chamado *iluminismo*, que promovia o endeusamento da razão e pregava que a ciência podia explicar o universo, sem ser necessário qualquer recurso à fé. Essa ideia provocou um desastre, porque levou a humanidade a praticar atos monstruosos, como as guerras mundiais e os extermínios nos campos de concentração. O que prova que só a razão sem a religião não é capaz de levar os seres humanos para bons caminhos.

Mas, foi no século XIX que se deu o maior choque entre a fé e a ciência, quando Charles Darwin (1809-1882) publicou, em 1859, seu livro *A Origem das Espécies*, que foi considerado "o livro que modificou o mundo". Segundo a teoria de Darwin, o homem seria descendente dos animais. Inicialmente, houve grande oposição a essa teoria que, por fim, foi aceita. A Igreja católica a admitiu, mas com uma ressalva: na criação específica do ser humano e da consciência humana houve a intervenção de Deus.

No entanto, hoje em dia está havendo uma grande discussão por parte dos próprios cientistas com relação à evolução como foi exposta por Darwin. Não no sentido de negar a evolução; o que se discute é *como* ela acontece. Para Darwin e os darwinistas a evolução é cega, sem nenhuma intencionalidade, sem nenhum objetivo; acontece apenas pelo mecanismo das mutações surgidas ao acaso nos organismos vivos, seguidas pela seleção natural. Esse mecanismo cego e sem inteligência seria capaz de produzir todos os seres vivos, dos mais simples aos mais complexos, até o ser humano. Mas, esse modo de pensar está sendo fortemente contestado hoje em dia, depois que a célula da vida foi aberta até seu nível mais baixo, o nível das moléculas. Os cientistas viram tanta complexidade dentro da célula, que se tornou difícil de admitir que toda essa complexidade tenha se formado cegamente, sem nenhuma orientação inteligente por detrás. A vida seria, então, o resultado de um Projeto Inteligente. O cientista que mais se empenhou em combater a ideia da evolução cega foi o bioquímico norte-americano Michael Behe que publicou o livro *A Caixa Preta de Darwin – o desafio da bioquímica à teoria da evolução*, Best-seller em 1996.[5]

A Igreja católica confessou que errou em alguns assuntos científicos, no passado. Em 1992, o papa João Paulo II admitiu os erros contra Galileu e publicamente pediu perdão por essa

---

[5] Michael Behe. *A caixa preta de Darwin*. Editora Jorge Zahar Editor, 1997.

e outras falhas da Igreja. E confirmou, em 1996, que a teoria da evolução de Darwin poderia ser uma parte do plano de Deus para os seres humanos; mas, em um dado momento da evolução, Deus teria interferido para criar o ser inteligente. Essa atitude do papa ajudou a derrubar o muro que existia entre a comunidade científica e a Igreja católica.

Ciência e Fé podem se contradizer?

Hoje em dia, existe no inconsciente das pessoas a ideia de que ciência e religião não se combinam. E os meios de comunicação parecem querer reforçar esse modo de pensar. É o que afirma o papa Bento XVI: "É preciso dizer que o desenvolvimento do progresso moderno e da ciência criou uma mentalidade para a qual se acredita poder tornar supérflua 'a hipótese Deus', para usar a expressão de Laplace". Hoje o ser humano julga poder tudo o que antes havia esperado somente de Deus. Para o modelo de pensamento que se considera científico, "as coisas da fé são arcaicas, míticas, pertencentes a uma cultura já superada. Assim, a religião – e em todo caso, a cristã – é relegada entre as coisas do passado. Já no século XVIII, o Iluminismo proclamava que um dia teriam desaparecido da Europa também o Papa e o Dalai Lama. O Iluminismo teria eliminado definitivamente semelhantes atrasos míticos".[6]

Pode haver, *de fato*, contradição entre fé e ciência? Para a Igreja católica, não pode. Essa questão já foi bem definida no Concílio Vaticano I (1869-1870): "As verdades da fé e as verdades da ciência não podem nunca se contradizer". E a Constituição *Gaudium et Spes* do Concílio Vaticano II reitera a afirmação: "Se a pesquisa metódica, em todas as ciências, proceder de maneira verdadeiramente científica... na realida-

---

[6] Papa Bento XVI, *op. cit.*, p. 166.

de nunca será oposta à fé, pois tanto as realidades profanas quanto as da fé originam-se do mesmo Deus" (GS, 36). Podemos usar de um exemplo corriqueiro: se a matemática diz e prova que dois mais dois são quatro, a fé jamais poderá dizer que são cinco. E se é uma verdade de fé que Deus existe, a ciência nunca conseguirá provar o contrário. A fé jamais deve negar aquilo que a ciência comprovou, e a ciência jamais deve sair fora do terreno onde as coisas podem ser verificadas experimentalmente.

Podemos enunciar o princípio formulado acima de um modo mais explícito: "As verdades verdadeiras da fé e as verdades verdadeiras da ciência nunca se contradizem". Por que verdades verdadeiras? Porque há "verdades" que não são verdadeiras. Por exemplo, da parte da ciência se admitiu, por muitos séculos, que a terra era o centro do universo e que o sol girava ao redor dela, e não o contrário. Da parte da religião, acreditou-se que o mundo fora criado em seis dias de vinte e quatro horas e que a terra tinha no máximo 6 mil anos, segundo cálculos derivados de uma interpretação ao pé da letra do livro do Gênesis.

O fundamento desse princípio ensinado pela Igreja é simples: tanto as verdades da fé como as verdades da ciência têm um único autor – Deus – que nunca se contradiz. Daí resulta uma conclusão importante: nem o cientista nem o teólogo devem ter medo da verdade, porque a verdade é de Deus, ou melhor, Deus é a verdade. Então, tanto o cientista como o teólogo ou filósofo podem prosseguir tranquilos em suas pesquisas, um respeitando o campo do outro, sem nunca ter medo de se "trombarem".

Infelizmente, existem (pseudo) cientistas que teimam em afirmar a incompatibilidade entre ciência e religião. É o caso do ateu confesso Richard Dawkins para quem fé e ciência se excluem mutuamente. Para ele, as duas são inimigas mortais. Essa atitude agressiva de Dawkins se deve em parte a sua ojeriza contra os criacionistas fundamentalistas que querem interpretar a Bíblia ao pé da letra, mesmo quando essa interpretação vai frontalmente contra as evidências da ciência. Penso que aqui também se poderia aplicar uma variante do princípio seguido pela Igreja católica: "As verdades verdadeiras da ciência e as verdades verdadeiras contidas na Bíblia nunca se contradizem".

O teólogo frei Betto conta uma história que cai bem nesse assunto. Um missionário foi à China para pregar a religião cristã. Dizia que o papa é o representante de Jesus, o portador da verdade; que a Igreja católica é a única verdadeira etc. Quando terminou, um chinês disse: – Padre, essa não é a verdade, não". – "Como não? A Igreja católica é a depositária da verdade". – "Não, padre, você está enganado; existem três verdades: a do senhor, a minha e a verdade verdadeira; nós dois juntos devemos buscar a verdade verdadeira".[7]

Ciência e fé são dois campos distintos que dão duas visões do mundo. A ciência procura decifrar esse mundo em que vivemos, qual sua origem, de que ele é composto e quais as leis que o governam. A fé, por outro lado, relaciona-nos com o Além, com o Transcendente, permite-nos "apalpar" aquilo que está acima da natureza física. A ciência e a fé, de mãos dadas, ajudam-nos a encontrar as respostas às perguntas que fazemos sobre nossa existência. Jamais devem ser entendidas como adversárias ou inimigas, mas como duas faces de nosso processo de conhecimento, o racional e o suprarracional, ambos com origem em nossa inteligência.

Desse modo, nossa visão de mundo se conforma com os avanços da ciência. Nossa espiritualidade também. Fé e ciência devem se refinar mutuamente: a ciência eliminando da fé os resquícios de superstições e crendices, e a fé orientando a ciência naquilo que esta não consegue atinar como rumo a seguir. Os avanços científicos ajudam a formular de um modo mais correto as verdades da fé. A ciência não atrapalha a fé,

---

[7] Cf. Waldemar Falcão, *op. cit.*, p. 109.

ao contrário, ela a complementa e permite ao fiel ter uma fé mais limpa, mais sincera e mais adulta. Fé e ciência são duas coisas que satisfazem uma função que está no íntimo de cada um de nós: apaziguar nossos anseios. Não é possível negar o papel benéfico da ciência em nossas vidas. Seria atestado de suprema ignorância. A ciência trouxe inúmeros benefícios à humanidade. Foi por meio dela que o mundo se transformou em uma aldeia global, através dos meios de comunicações eletrônicas. A fé, por sua vez, fornece-nos outra visão e nos apresenta as respostas do porquê da existência do mundo e da vida. A ciência sozinha não consegue nos dar essas respostas.

Ciência e fé: uma responde ao *como*, outra responde ao *porquê*. Elas precisam uma da outra para se completarem e satisfazerem a mente humana. São como duas asas que nos levam ao mundo da realidade física e ao mundo do mistério. Albert Einstein (1879-1955), talvez o maior cientista de todos os tempos, que revolucionou o mundo da ciência com sua famosa teoria da relatividade em 1905, disse uma frase que ficou famosa: "Ciência sem religião é paralítica; religião sem ciência é cega". E o famoso cientista Max Planck, o pai da teoria quântica, afirmava: "Ciência e religião não estão em conflito, mas precisam uma da outra para se completarem na mente do homem que pensa seriamente".

Assim como existem os fundamentalistas religiosos que interpretam a Bíblia e os enunciados da fé ao pé da letra, mesmo quando essa interpretação vai contra as descobertas da ciência, existem também os fundamentalistas científicos que fazem uma guerra implacável contra a religião, mesmo sem argumentos científicos plausíveis. Marcelo Gleiser, que é professor em uma universidade nos Estados Unidos e conhece bem o modo de pensar dos norte-americanos, diz que lá existe uma dicotomia bem marcante: ou você é fundamentalista cristão bem louco ou se coloca em uma posição contrária, ultrarracional; oito ou oitenta.

A fé não pode ser irracional ou antirracional; ela trans-racional, mas tem que buscar fundamento na razão. Santo Tomás afirma que a fé é um "dom da inteligência". Portanto, a fé não é contra a inteligência nem a inteligência contra a fé. O bom senso está em evitar dois excessos: excluir a razão ou nada admitir a não ser a razão. O professor de microbiologia, Werner Arber, prêmio Nobel de medicina em 1978, afirmou: "Se Jesus Cristo vivesse entre nós hoje, Ele seria a favor de um sólido conhecimento científico para o bem da humanidade e de seu ambiente natural a longo prazo".

Pascal dizia: "Temos que compreender as coisas huma-nas para poder amá-las; as coisas de Deus temos que amá-las para poder compreendê-las. Primeiro temos que nos lançar no mar de fé, para depois começar a navegar".

3 | DEUS EXISTE? QUEM É? COMO É? ONDE ESTÁ?

Qual é a realidade, o objetivo último da fé? Deus, é claro! O primeiro artigo de fé do cristão expresso no Credo é: "Creio em Deus Pai Todo-poderoso". Não, porém, um deus qualquer que cada um retrata a seu bel-prazer, mas o Deus que se revelou. É desse Deus que devemos tratar agora, sob os olhares da fé e da ciência.

Houve muitas ideias sobre Deus desde o começo da história da humanidade. O monoteísmo é sem dúvida a mais importante delas. É a crença em um Deus único. A Bíblia dá ênfase ao monoteísmo. A confissão por excelência de Israel é: "Ouve, ó Israel: Javé nosso Deus é o único Javé" (Dt 6,4). Na proclamação dos dez mandamentos há a proibição expressa da adoração de qualquer outro Deus: "Não terás outros deuses diante de mim... porque eu, Javé teu Deus, sou um Deus ciumento..." (Êx 20,3-5). E no livro de Isaías: "Assim diz Javé: Eu sou o primeiro e o último, fora de mim não há Deus" (Is 44,6).

A teologia católica já discorreu muito sobre Deus, mas nem de longe o assunto se esgotou nem vai esgotar um dia. Os teólogos ainda se debruçam nas pesquisas sobre Deus: se Ele existe, quem Ele é, como é, como age, onde Ele está.

Ninguém tem uma compreensão pura de Deus, ninguém sabe tudo sobre ele. Para dar uma ideia de nosso pouco conhecimento sobre Deus, os autores contam uma história. Dizem que santo Tomás de Aquino, após sua morte, apareceu a um colega seu, muito amigo em vida. No meio da conversa, este perguntou ao santo: "Tomás, você que escreveu tantas coisas bonitas e profundas sobre Deus, diga-me uma coisa: Deus é mesmo igual a tudo aquilo que você ensinou e disse?" O santo respondeu, em latim, como era costume naquele tempo entre os teólogos: *"Totaliter aliter!"* – totalmente diferente!

Esse conto esclarece quão longe estamos de conhecer Deus. Existe um outro, que diz a mesma coisa de outro modo. Um homem nasceu e viveu a vida toda dentro de uma caverna escura. Não conhecia outro mundo senão aquele escuro e estreito em que vivia. Mas, havia uma pequena fenda no teto da caverna por onde entrava uma tênue résta de luz. Vendo aquela luz quase imperceptível, o homem raciocinava: Deve existir lá fora um outro mundo, com muita luz; não o conheço, não sei exatamente como é, mas deve ser muito mais bonito do que este aqui onde vivo.

São Paulo também parece dizer a mesma coisa na carta aos Coríntios: "O que os olhos não viram, os ouvidos não ouviram e o coração do homem não percebeu, isso Deus preparou para aqueles que o amam" (1Cor 2,9).

Deus existe?

Antes de saber quem é esse Deus em quem cremos, é necessário discorrer sobre a existência dele. Deus existe? Essa pergunta parece sem sentido para as pessoas que têm fé e pode até causar espanto. De fato, em nenhum lugar da Bíblia existe a preocupação de provar que Deus existe. A existência dele é tida como um fato evidente, como uma crença natural do ser humano. Mas, hoje em dia, é uma questão que necessita de reflexão. O papa Bento XVI afirma:

> A coisa importante, hoje, é que se veja de novo que Deus existe, que Deus tem a ver conosco e que nos responde. E que, ao contrário, quando vem a faltar, tudo pode também ser racional quanto quiser, mas o homem perde sua

3 | DEUS EXISTE? QUEM É? COMO É? ONDE ESTÁ?

dignidade e sua humanidade específica; e, assim, o essencial desmorona. Eis por que acredito que a ênfase nova que hoje devemos colocar é a prioridade da questão de Deus.[1]

Para o papa, é nessa questão dramática sobre se Deus existe que se decide, hoje, o destino do mundo.

Em nosso dia a dia nos deparamos com pessoas que têm convicções diferentes a respeito da existência de Deus:

• A maioria das pessoas que nos rodeiam são *teístas*, aqueles que acreditam na existência de um Deus pessoal e poderoso, que criou o universo e os seres humanos, aos quais ama e dos quais cuida.

• Um pouco diferente é o ponto de vista dos *deístas* que também creem em um Deus Todo-poderoso que criou o universo, mas que depois deixou que esse mesmo universo se governasse por si mesmo, pelas leis naturais criadas pelo próprio Deus, sem precisar mais da intervenção dele. Deus teria criado o universo como um relógio ao qual deu corda e deixou que funcionasse por si, por suas próprias leis. Essa não é a visão do cristianismo, que acredita que Deus ama e se interessa por suas criaturas e cuida delas de um modo eficiente.

• Os *panteístas* são aqueles que identificam o universo com Deus. Tudo é Deus: eu sou Deus, você é Deus, o sol é Deus, a pedra é Deus. Eles assumem a natureza e o universo como divindades. Não existe um Deus pessoal criador do universo. Tudo o que existe é manifestação divina, autoconsciente. O movimento atual chamado de "Nova Era" (New Age) é panteísta, pois afirma que o universo é um ser vivo em evolução para o pleno conhecimento de si, e o homem é a manifestação de sua autoconsciência; e a natureza também é parte do único ser cósmico e, portanto, também participa de sua divindade. Tudo é deus e deus está em tudo. Na realidade, o panteísmo é um ateísmo disfarçado.

---

[1] Papa Bento XVI, *op. cit.*, p. 88-89.

RAZÃO E FÉ | Reflexões para uma fé adulta

• Os *panenteístas* são aqueles que dizem que tudo *está* em Deus. Apoiam-se naquilo que Paulo disse aos gregos de Atenas: "Em Deus vivemos, movemo-nos e existimos" (At 17,28). Deus está presente no universo e o universo está presente nele. Deus está nas coisas e as coisas estão em Deus. Santo Agostinho dizia: "Deus é mais íntimo a mim do que eu a mim mesmo". Santo Tomás de Aquino disse a mesma coisa com outras palavras: "Quando vou ao mais profundo de mim mesmo, ao encontro de minha identidade, encontro um Outro que não sou eu, porém é Ele que estabelece minha verdadeira identidade".

O panenteísmo não deve ser confundido com o panteísmo. Panteísmo significa literalmente que "tudo é Deus" (do grego: pan = tudo; theos = Deus), e panenteísmo significa "tudo está Deus" (pan = tudo; en = em; theos = Deus).

• Existem também os *agnósticos*, aqueles que afirmam que a questão da existência ou não existência de Deus não foi nem será resolvida. Eles acreditam que a razão não pode penetrar o reino do sobrenatural. Por isso, ficam em cima do muro, não pendendo nem para um lado nem para outro.

• Do lado oposto estão os *ateístas* ou *ateus* cuja opinião é que Deus não existe. O ateu confesso Richard Dawkins dá sua definição: "Um ateu é alguém que acredita que não há nada além do mundo natural e físico, nenhuma inteligência sobrenatural vagando por trás do universo observável, que não existe uma alma que sobrevive ao corpo e que não existem milagres – exceto no sentido de fenômenos naturais que não compreendemos ainda".[2] Em outras palavras, ateu é a pessoa que *não acredita* na existência de seres sobrenaturais, mas *acredita* que tudo tem que ser explicado somente pelas leis naturais.

---

[2] Richard Dawkins. *Deus, um delírio*. Editora Companhia das Letras, 2007, p. 37.

3 | DEUS EXISTE? QUEM É? COMO É? ONDE ESTÁ?

Existe diferença entre ateísmo e agnosticismo: o ateísmo nega a existência de Deus *a priori*, o agnosticismo não. O ateu diz: "Eu não acredito em Deus e nego sua existência". O agnóstico diz: "Não posso negar a existência de Deus, porque não tenho provas". O ateu acredita no não acreditar, o agnóstico, não.

Um dos principais argumentos dos ateus é o seguinte: "O que nós não conhecemos hoje, vamos conhecer no futuro, daqui a milhares ou milhões de anos. Por isso, Deus não é necessário para explicar as coisas que ainda não conhecemos; a ciência vai um dia explicar tudo". Acusam os teístas de invocarem o "Deus das lacunas" para explicar as coisas misteriosas que nós ainda não conhecemos: "Eu não sei explicar esta coisa ou este fenômeno, então invoco Deus para explicar". E também usam de um argumento semelhante, invocando o "Profeta das lacunas" para explicar as coisas que não conhecemos. O profeta faz a seguinte profecia: "Nós não sabemos explicar esta coisa ou este fenômeno hoje, mas vamos saber explicar no futuro". Alguém pode ter certeza absoluta que os homens irão saber tudo daqui a milhares ou milhões de anos? O cérebro humano terá essa capacidade? Eu duvido. Minha filha Mariana tem um cachorrinho que é muito esperto; mas, tenho certeza absoluta de que ele jamais irá compreender a teoria da relatividade de Einstein. E não existe nenhuma garantia que os humanos consigam, um dia, compreender todas as leis que regem o mundo físico e psicológico.

Marcelo Gleiser também não acredita que o homem um dia chegue a desvendar todas as leis do mundo. Diz ele:

> Não vamos saber tudo sobre o mundo. Até posso fazer uma afirmação meio categórica – *nunca* vamos saber tudo sobre o mundo. Pela seguinte razão: vamos supor que o conhecimento esteja dentro de um círculo, ou seja, que o que a gente conhece do mundo caiba dentro de um círculo. À medida que aprendemos mais sobre as coisas, esse círculo vai crescendo; ampliamos nosso conhecimento por meio da ciência, da razão, das artes etc. Existem várias

> maneiras de se conhecer a realidade humana e a que está "do lado de fora" também. Mas a região fora do círculo é muito grande. Então, mesmo que nós aprendamos cada vez mais sobre o mundo, sempre vai haver algo externo ao círculo, ou seja, nem mesmo sabemos quais são todas as perguntas que precisam ser feitas para que possam ser respondidas.[3]

Supondo, por hipótese, que um dia os humanos consigam compreender todas as leis que regem o universo, naquele dia eles serão todos onicientes. Resta saber se serão também onipotentes.

Note-se que o ateu também tem fé. Como diz Richard Dawkins citado acima: ateu é "alguém que *acredita* que não há nada além do mundo natural e físico". Como não existem argumentos que provam de fato que Deus não existe, o ateu tem que *ter fé* na não existência de Deus. É uma fé ao avesso. Dawkins se diz ateu, mas não um ateu absoluto, pois não tem absoluta certeza de que Deus não existe. Ele diz que tem "quase certeza" que Ele não existe.[4] Quase certeza não chega a ser certeza absoluta. Então, ele não é um ateu puro, pois tem, no fundo do subconsciente, dúvida se de fato Deus não existe.

Por isso, podemos duvidar se existem de fato ateus absolutos, aqueles que dizem: "Tenho certeza absoluta, como dois mais dois são quatro, de que Deus não existe". Os que tentam negar a existência de Deus se colocam contra os mais sublimes e profundos impulsos da alma humana. Por isso, Pascal dizia que o ateísmo é uma enfermidade. Se Deus não existe, também não existe a lei divina nem leis morais, e todas as leis que os humanos procuram seguir são feitas pelo próprio homem que tenta subtrair de seu coração o desejo das coisas espirituais e sua fome de justiça.

---

[3] Cf. Waldemar Falcão, *op. cit.*, p. 124.
[4] Richard Dawkins, *op. cit.*, cap. 4.

3 | DEUS EXISTE? QUEM É? COMO É? ONDE ESTÁ?

As "provas" da existência de Deus

Para nós, humanos, dotados de inteligência, é legítimo tentar provar a existência de Deus. A finalidade dessa tentativa é, em primeiro lugar, submeter à razão aquilo que já é abertamente aceito pela fé.

Santo Tomás de Aquino que viveu no século XIII, grande filósofo e considerado o maior teólogo de todos os tempos, também chegou a fazer perguntas a respeito da existência de Deus. Na *Summa Teologica*, sua obra mais famosa, ele afirma que Deus não é evidente para nós, porque não sabemos em que Ele consiste, mas podemos refletir sobre Ele e chegar a alguma conclusão sobre sua existência através daquilo que é evidente para nós, isto é, através das criaturas. Podemos chegar até Deus, que não vemos, através das coisas que vemos. E ele apresenta cinco argumentos ou vias pelas quais podemos chegar até Deus. Vamos apresentar aqui a primeira das cinco vias, a mais importante, que é conhecida como a prova do *movimento* ou das *mudanças* (ST I q.2, a.2).

O ato puro

Através de nossos sentidos, nós recebemos continuamente informações do mundo que nos rodeia. E percebemos que muitas alterações acontecem na natureza. Percebemos que ora o céu está nublado ora ensolarado. Vemos que as plantas crescem, dão flores e frutos. Sabemos que uma casa branca pode ser pintada de amarelo. Ora estamos parados ora nos movendo de um lugar para outro. Percebemos, enfim, que as coisas *mudam* constantemente a nosso redor.

Nos seres que mudam, podemos distinguir duas coisas:

1. As qualidades que já existem neles.
2. As qualidades que podem vir a existir neles.

As qualidades já existentes são ditas existentes EM ATO. As qualidades que ainda não existem, mas que podem vir a existir, são existentes EM POTÊNCIA.

Assim, uma casa branca tem cor branca em ato, mas tem cor vermelha em potência, pois pode ser pintada de vermelho. Uma água fria está fria em ato, mas quente em potência, pois pode ser aquecida pelo calor. Portanto, mudança ou movimento é a passagem de uma qualidade em potência para a posse daquela mesma qualidade em ato.

E a coisa mais importante de tudo isso é o seguinte: nenhum ser pode passar, sozinho, de potência para ato. Para mudar, ele precisa da ajuda de outro ser que tenha aquela mesma qualidade em ato. Por exemplo, a água fria que está na panela é quente em potência. Para passar a quente em ato, ela precisa receber o calor de outro ser – o fogo – que tenha calor em ato. Se não receber o calor do fogo, ficará eternamente fria. Outro exemplo: A casa que agora é branca em ato – mas vermelha em potência – só ficará vermelha em ato caso receba o vermelho de outra coisa – a tinta – que seja vermelha em ato.

De tudo isso tiramos um princípio muito importante: todo ser que muda, isto é, que passa de potência para ato, é mudado por outro ser que está em ato. Então, esse outro ser que está em ato deve PRECEDER ao ser em potência.

Essa cadeia de ato-potência pode também ser pensada como cadeia de causa-efeito: cada efeito tem uma causa que o PRECEDE. Se uma bola de futebol está rolando no gramado do campo (efeito), é porque alguém a chutou (causa). Se um carro passa na rua, é porque está sendo impulsionado pela força do motor. Se a galinha existe, é porque nasceu do ovo. Se o sol emite luz e calor, é porque o hidrogênio em seu núcleo está sendo fundido em hélio, liberando grande quantidade de energia. Se nossa galáxia existe, é porque uma nuvem de hidrogênio se condensou segundo a lei da gravidade, há bilhões de

3 | DEUS EXISTE? QUEM É? COMO É? ONDE ESTÁ?

anos... E assim, se retrocedermos procurando as causas cada vez mais remotas, chegaremos ao *big-bang*, o começo do universo, a causa de todas as coisas que vieram depois.

Mas, a razão humana ainda não fica satisfeita e faz a pergunta: Quem causou o universo? Pois, se o universo existe, algo o fez existir. O que ou quem foi o primeiro motor em ATO que criou o universo e começou a movimentar tudo, colocando os outros seres de potência para ato? Este primeiro motor não pode ser movido por outro, pois não pode ter potência passiva nenhuma, porque se tivesse alguma ele seria movido por um ser anterior. Logo, o primeiro motor só tem ATO ou, em outras palavras, o primeiro motor de todos os movimentos é ATO PURO. Isso significa que tem todas as qualidades ou perfeições em ato, e nada em potência.

E santo Tomás conclui que as perfeições e qualidades desse ATO PURO coincidem com aquelas do ser que chamamos DEUS.

Deus então é ATO PURO, isto é, nele não existe nenhuma potência. Tudo nele está em ato. Por isso, Deus não pode usar o verbo "ser" no futuro nem no passado. Ele não pode dizer "Eu serei bondoso", porque isto implicaria que Ele não seria atualmente bondoso, que teria potência de vir a ser bondoso. Deus também não pode dizer "Eu fui", porque isto implicaria que Ele teria mudado, isto é, passado de potência para ato. Deus só pode usar o verbo ser no presente: Eu sou.

É justamente esse o nome que Deus dá a si mesmo. Quando Moisés perguntou a Deus qual era seu nome, Ele respondeu "Eu sou aquele que é" (Êx 3,14). Isso poderia ser interpretado assim: "Eu sou ato puro, aquele que sempre existiu e que não muda nunca". Deus vive na dimensão da eternidade, onde não existe o tempo. Deus não foi nem será. Ele é.

O astrofísico Stephen Hawking afirma que é uma falácia a tentativa de colocar tempo em Deus: "A ideia de que Deus possa querer mudar sua opinião é um exemplo da falácia, apontada por santo Agostinho, de imaginar Deus como ser existente no tempo. Tempo é uma propriedade apenas do universo que Ele criou. Presumivelmente, Ele sabia o que pretendia quando o fez!".[5]

Será que é possível resolver a questão da primeira causa de modo científico, sem recorrer à fé? Alguns cientistas colocam objeção ao argumento do Ato Puro que põe um término na regressão infinita das causas, sugerindo que toda a regressão poderia terminar simples e misteriosamente na singularidade do *big bang*. A grande explosão que deu início ao universo seria o começo de tudo, e ponto final, não se fala mais nisso. Mas essa ideia não satisfaz a mente humana, que ainda fará a pergunta: "O que foi que deu origem ao *big bang*? O que havia antes dele?"

Sabemos que as famosas cinco vias de Tomás de Aquino não são provas que garantem toda a evidência. A ciência pode comprovar que todas as coisas têm causas e, procurando pelas causas cada vez mais remotas, pode chegar até o *big bang*. Mas, daí, a ciência não consegue passar. Dizer que Deus é a causa primeira que criou o universo é saltar do mundo material para o mundo sobrenatural. E isto não compete à ciência, mas à fé. Então, as "provas" da existência de Deus não são provas físicas, são apenas "vias" ou argumentos a favor da existência dele. Esses argumentos são tidos como a demonstração da coerência interna de nossa fé em Deus. Da parte da ciência, não existem *provas físicas* ou matemáticas sobre a existência de Deus. A física ou a matemática não podem provar que Deus existe nem provar que Deus não existe. Da parte da filosofia e da metafísica, existem *argumentos* a favor da existência de Deus. E da parte da espiritualidade ou religião, existe *fé* na existência de Deus.

O Catecismo da Igreja Católica, no item 31, ensina: "Criado à imagem de Deus, chamado a conhecer e a amar a Deus, o homem que procura Deus descobre certas 'vias' para as-

---

[5] Stephen Hawking. *Uma Breve História do Tempo*. Editora Rocco, 1995, p. 227.

3 | DEUS EXISTE? QUEM É? COMO É? ONDE ESTÁ?

cender ao conhecimento de Deus. Chamamo-las também de 'provas da existência de Deus', não no sentido das provas que as ciências naturais buscam, mas no sentido de *argumentos convergentes e convincentes* que permitem chegar a verdadeiras certezas".

São argumentos convergentes e convincentes, mas não evidentes. Por isso, diz santo Tomás: "Por qualquer efeito pode ser demonstrado claramente que a causa existe. Assim, pelos efeitos divinos pode ser demonstrada a existência de Deus, mesmo quando pelos efeitos não possamos chegar a ter um conhecimento exato do como Ele é em si mesmo. De onde se deduz que a existência de Deus, mesmo quando em si mesma não se apresenta a nós como *evidente*, ela é demonstrável, sim, pelos efeitos com os quais nos encontramos" (ST I q.2 a.2).

A história da filosofia comprova que nenhum dos grandes filósofos colocou seriamente em dúvida a existência de Deus. Sócrates, Aristóteles, Platão, Agostinho, Tomás de Aquino, Espinosa, Leibniz, Descartes, Kant, Hegel, Whitehead e muitos outros famosos pensadores tiveram a convicção de que o Absoluto existe. No fundo de suas considerações filosóficas, está a seguinte reflexão: "Se a razão de o mundo ser *este* e não outro se achasse no próprio mundo e não em Deus, então o mundo seria o próprio Absoluto (Deus); neste caso teríamos o Absoluto cuja existência queremos provar. De qualquer maneira, portanto, somos obrigados a aceitar o Absoluto".

A QUEM CABE O ÔNUS DA PROVA?

Finalizando essas considerações a respeito dos argumentos sobre a existência de Deus, resta ainda saber a quem compete o ônus da prova. Os ateus dizem: "Vocês, crentes, que afirmam que Deus existe, provem que Ele existe. O ônus da prova está com vocês". Mas, o filósofo Alvin Plantinga e muitos outros teólogos e filósofos, dizem que é o contrário: são os ateus que devem provar que Deus não existe. Porque o sentimento de religiosidade é uma coisa tão natural, tão forte e tão profunda no ser humano que pode até ser considerado uma coisa inata, até mesmo genética. Portanto, são os ateus que têm a obrigação de provar que essa consciência profundamente arraigada no ser humano é falsa e que Deus não existe.

Mas a maior discussão não é sobre a *existência* de um ser absoluto, e sim sobre a *natureza* desse ser – se é espírito, se é uma pessoa etc. A questão, portanto, não é da existência de um Deus, mas daquilo que sobre Ele devemos pensar: quem Ele é, como Ele é, onde Ele está.

4 | QUEM É DEUS? COMO ELE É?

Se Deus existe, quem é Ele? Há alguma definição de Deus? Podemos saber com exatidão como Ele é?
No decorrer da história das religiões, houve várias tentativas de definir Deus. Mas, talvez a definição mais perfeita seja aquela que o próprio Deus disse de si mesmo, como está na Bíblia. Ele apareceu no meio de um arbusto em chamas que não se consumia e mandou Moisés ir libertar os israelitas que viviam no Egito como escravos dos faraós. Ao ouvir aquela ordem, Moisés ficou surpreso e perguntou: "Quando eu for aos filhos de Israel e disser: 'O Deus de vossos pais me enviou até vós' e me perguntarem: 'Qual é o seu nome?', o que direi? Disse a Moisés: 'Eu sou aquele que é'. E disse mais: 'Assim dirás aos filhos de Israel: 'EU SOU me enviou até vós'" (Êx 3,13-14).

Essa é a definição de Deus dada pelo próprio: "Eu sou aquele que é", que também significa "Eu sou o existente".
Na Bíblia, Deus é chamado com vários nomes e títulos:
EL, ELOHIM, ELÔAH, que significam DEUS;
ELION, que significa ALTÍSSIMO;
ADONAY, que significa SENHOR;
SHADAY, que significa ONIPOTENTE;
Mas, o nome próprio de Deus na Bíblia é YAHVEH (JAVÉ). Os outros são mais títulos do que propriamente nomes.

Existe também uma forma abreviada do nome YAHVEH, que é YAH. Esta forma aparece na expressão HALELU YAH – ou ALELUIA, em português – que significa LOUVAI A YAH – Louvai a Deus ou Deus seja louvado.

A partir do século III a.C., os judeus deixaram de pronunciar o nome sagrado de YAHVEH, porque em Êxodo 20,7 está escrito que não se deve pronunciar o nome de Deus em vão; achavam que seria uma profanação pronunciá-lo. Por isso, ao lerem a Bíblia, em que estava escrito YAHVEH, eles pronunciavam ADONAY, que significa Senhor.

Mas, o verdadeiro significado do mandamento é que nós não devemos usar o nome de Deus para a falsidade, para enganar os outros, jurando por Deus em falso. O salmo 105 inicia com as palavras: "Louvai a Javé, invocai o seu nome". E em Joel 3,5: "E acontecerá que todo aquele que invocar o nome de Javé será salvo". Portanto, é bom e salutar invocar o nome de Deus.

DEUS ESPÍRITO

Já vimos acima que ninguém neste mundo tem ideia perfeita de Deus. Ninguém, nem o papa nem nenhum santo tem ou teve uma imagem pura de quem é Deus e como Ele é. Mas existem tentativas de definição. Por exemplo, aquela que aprendemos no catecismo: Deus é um espírito perfeitíssimo e eterno, criador do céu e da terra.

Deus é um espírito. Mas, o que é um espírito? A resposta é decepcionante: não sabemos. Ou melhor, sabemos o que não é: o espírito é um ser que não é matéria, não tem corpo, não é construído de átomos nem de moléculas nem de neurônios. É um ser transcendente ou metafísico, isto é, está acima e além do mundo físico e da matéria.

Deus é perfeitíssimo. Quer dizer, possui todas as perfeições em grau infinito. Como vimos no argumento de Santo Tomás de Aquino, o Ato Puro tem que ser perfeito em todos os sentidos, porque se não fosse teria potencialidade para ser, e no Ato Puro tudo está em ato, e nada em potência.

Também aprendemos que Deus é eterno: sempre existiu e existirá para sempre. Santo Tomás afirma que Deus vive fora do tempo e do espaço. Vive na dimensão da eternidade e não ocupa lugar no espaço e sua existência não transcorre em segundos, não é limitada pelo tempo. Para nós, que vivemos no espaço e no tempo, é impossível de imaginar como é viver na eternidade. Sempre que imaginamos Deus, forçosamente o colocamos delimitado em um espaço e vivendo os mesmos segundos que nós vivemos. A eternidade não tem a dimensão do tempo. Mas nós não conseguimos captá-la assim. Quando dizemos "desde toda a eternidade" ou "por toda a eternidade", as preposições *desde* e *por* estão indicando tempo, estamos pondo tempo na eternidade, o que não é correto. Mas, é nosso único modo de entender. Santo Tomás já dizia que "nada impede que os nomes que implicam relação às criaturas sejam atribuídos a Deus partindo do tempo; e não porque nele haja alguma mudança (alteração), mas pela variável da criatura" (ST I q.13 a.7). Então, quando colocamos tempo em Deus ou na eternidade, devemos estar conscientes de que isso é apenas um modo humano de pensar.

DEUS É O CRIADOR DO UNIVERSO

Pela fé nós cremos que Deus criou o céu e a terra e tudo o que existe no universo. Mas, o que nós não sabemos é *como* Ele criou. Quase todos os povos antigos tinham descrições da criação do mundo. A Bíblia traz sua própria versão. E a ciência também dá sua descrição, com base em fatos observados. Penso ser interessante examinar o que diz a ciência, para comparar com o que a Bíblia diz.

Nos últimos tempos, os cientistas têm descoberto coisas incríveis sobre a origem do universo que antes ninguém podia imaginar. Até inícios do século XX dominava a ideia de que o universo era fixo, imóvel. Acreditava-se que o sol ocupava um lugar fixo no céu, onde ficava parado sem se mover para lado nenhum. Do mesmo modo, as estrelas também estavam fixas e imóveis, cada uma em seu lugar cativo no céu.

O golpe mortal nessa crença de um universo imóvel foi dado pelo famoso astrônomo inglês Edwin Hubble (1889-1953). Na década de 1920, observando o céu no telescópio do monte Wilson, na Califórnia, ele descobriu que as nebulosas – como eram conhecidas certas manchas existentes no céu – na verdade eram grandes aglomerados de estrelas, semelhantes a nossa Via Láctea. Por isso, esses aglomerados ficaram conhecidos como *galáxias* (galaxis era a palavra dos gregos antigos para designar a Via Láctea).

Mas a descoberta principal de Hubble, que causou espanto entre os astrofísicos da época, foi outra. Ele observou que as galáxias não ficavam paradas no céu. Elas estavam em movimento, afastando-se umas das outras. Hubble chegou a essa conclusão utilizando-se da lei conhecida na física como *efeito Dopler*. Essa lei afirma que quando uma onda (de som ou de luz) se aproxima de nós, ela tem uma frequência mais alta de quando ela se afasta. Quando você assiste a uma corrida de carro, pode notar perfeitamente a diferença do som do motor: quando o carro está se aproximando o som é mais agudo, e quando o carro passa por você e se afasta, o som torna-se mais grave. É o tal de efeito Dopler.

Com as ondas de luz vale a mesma lei. Mas, é necessário o uso de um aparelho, chamado espectroscópio, para notar a diferença de frequência da onda que se aproxima ou se afasta de nós. Quando um objeto luminoso se aproxima, as ondas de luz desviam para o azul no espectroscópio; quando se afasta, desviam para o vermelho. Hubble notou que as galáxias observadas tinham a luz desviada para o vermelho. Concluiu que elas estavam se afastando.

4 | QUEM É DEUS? COMO ELE É?

Essa descoberta de que o universo está se expandindo foi uma das grandes revoluções científicas do século XX, que causou uma reviravolta na cosmologia. O universo não é estático, como se pensava, mas dinâmico, com todas as galáxias e estrelas em contínuo movimento. Caía, portanto, a crença do universo imóvel.

A GRANDE EXPLOSÃO

O padre jesuíta Georges Lemaitre (1894-1966), grande amigo de Einstein, foi um dos primeiros a sugerir a ideia de que o universo começou com uma explosão. Descreveu-a como o "ovo cósmico explodindo no momento da criação". Em 1927, ao resolver as equações da relatividade geral de Einstein, encontrou resultados que indicavam que o universo estaria se expandindo.

Essa descoberta deu origem ao seguinte raciocínio: se o universo está se expandindo, no futuro ele será cada vez maior, mais espaçoso do que é agora; e retrocedendo no passado ele terá sido cada vez menor, até chegar a um ponto em que era tão pequeno como um grão de areia.

Lemaitre lançou então a ideia de que o universo nasceu de uma explosão em um tempo distante do passado e que, desde então, continua se expandindo até hoje. A grande explosão do início do universo ficou conhecida como "big bang". Segundo cálculos dos astrofísicos, feitos por diversos métodos, a grande explosão aconteceu aproximadamente há 14 bilhões de anos. No momento exato da explosão, no tempo zero do nascimento do universo, a temperatura e a densidade da matéria eram extraordinariamente elevadas. Os cientistas falam de densidade, energia e massa infinitas. O astrofísico Stephen Hawking explica que nesse momento, a densidade do universo e a curvatura do espaço-tempo teriam sido infinitas. É o momento a que chamamos de *big bang*.

Por isso, o *big bang* é considerado uma *singularidade*, termo usado para designar um evento que não obedece a nenhuma das leis físicas que conhecemos. A grande explosão foi causada por algo que existia fora do tempo e fora do espaço. E a física não conhece nada que possa existir fora do tempo e do espaço atuando como causa. A ciência atual só consegue começar a explicar o universo a partir das frações de segundo após a grande explosão. O que havia no momento exato da explosão ou antes dela, não se sabe. Porque, mesmo que tenha existido alguma coisa antes, não poderíamos usá-la para determinar o que aconteceria a seguir, porque essa coisa teria sido estilhaçada no *big bang*.

Essa teoria, que explica o nascimento de um universo extremamente quente e que foi se resfriando com o passar do tempo, está de acordo com as evidências observáveis que temos atualmente. Mas existem mistérios que a ciência ainda não sabe explicar:

• O que havia naquele ponto que explodiu? Ou, em outras palavras, o que havia no "ovo cósmico" que deu origem ao universo?

• O que fez o "ovo cósmico" explodir? E por que explodiu?

• Por que a temperatura – ou a energia em forma de calor – era tão elevada?

• Por que o universo é tão uniforme e homogêneo em ampla escala?

• Por que o universo é desse jeito como é, com essas leis que aí estão? O que ou quem determinou que ele fosse assim e não diferente?

Até hoje a ciência não sabe dar respostas para essas questões. Se o espaço-tempo não existia, como é que a matéria e todas as coisas começaram a existir? Esse é um dos problemas cruciais da cosmologia moderna.

4 | QUEM É DEUS? COMO ELE É?

O problema do *começo* do Universo tem que ser encarado pelos cientistas. Alguma coisa forçosamente desencadeou o processo da grande explosão. E essa alguma coisa deve ter sido uma força absurdamente grande, suficientemente poderosa para vencer a imensa força da gravidade do ovo cósmico inicial. O ovo não explodiria sozinho, sem essa força. De que fonte viria uma energia tão poderosa? E tem mais: a grande explosão em si envolveu mais do que apenas uma poderosa energia. Era preciso também previsão e inteligência, pois o ritmo de expansão foi ajustado com precisão incrível.

CRIAÇÃO NA BÍBLIA

A Bíblia começa com a criação, dá uma ideia de *como* Deus teria criado o mundo. Mas, quem ler o livro do Gênesis e tentar entender tudo ao pé da letra – como fazem os fundamentalistas –, pode deparar com grandes dificuldades. Pois a descrição dada pela Bíblia difere bastante do que a ciência descobriu sobre o início do universo.

A Igreja católica, com o avanço da exegese bíblica, tem hoje uma leitura da Bíblia muito diferente daquela seguida por algumas Igrejas cristãs. Diante das novas descobertas da ciência nos diversos campos (biologia, paleontologia, astronomia, arqueologia etc.), ela entendeu que alguns textos da Bíblia são insustentáveis diante das verdades científicas comprovadas. As Escolas bíblicas, principalmente a de Jerusalém, mergulham fundo na ciência para compreender melhor o sentido dos textos bíblicos. E não têm dificuldade de dar uma interpretação nova a esses textos, conformando-os com as verdades da ciência. Os católicos não veem nos relatos da Criação uma explicação científica para a origem do universo. A descrição bíblica é carregada de símbolos. E todo símbolo pretende manifestar uma verdade, mas de modo indireto. Na prática, não importa se o símbolo é verdadeiro ou falso; o que importa é aquilo que ele significa. A verdade essencial contida na narração bíblica da criação pode ser resumida em uma frase: "Deus criou o mundo e tudo o que nele existe". O autor bíblico revestiu essa frase com numerosas figuras simbólicas. Segundo a fé cristã, a criação é o ato pelo qual Deus, do nada, deu e mantém a existência de tudo quanto existe; esse início foi coincidente com o início do tempo. Quanto ao aparecimento sucessivo dos diversos seres vivos cada vez mais complexos, a Igreja está aberta a uma explicação baseada em uma evolução comandada por leis naturais estabelecidas pelo Criador desde o início.

5 | A ORIGEM DO HOMEM

Talvez o ato criador mais importante de Deus tenha sido a criação do ser humano, "feito a sua imagem e semelhança". A Bíblia tem sua explicação sobre o modo de como Deus criou o homem. E a ciência descobriu muita coisa sobre o mesmo assunto, que precisamos levar em consideração quando lemos a narração bíblica.

A antropologia é a ciência que estuda o ser humano em seus diversos aspectos. Ela tenta responder às perguntas: O que é o homem? Quem sou eu? Para responder a essas questões, o melhor método é rever primeiramente as propriedades mais fundamentais que observamos nos humanos, sobre as quais ninguém tem dúvida.

- Em primeiro lugar, o ser humano é um animal.
- Em segundo, ele é um animal especial.

Não há dúvida de que o homem tem todas as características de um verdadeiro animal. Ele nasce, cresce, alimenta-se, tem os órgãos dos sentidos, tem instintos poderosos tais como o instinto sexual e o de conservação, como todos os animais mamíferos. Ele parece ser uma espécie entre as outras espécies animais. Torna-se, então, evidente que o ser humano é um animal. E, do ponto de vista físico, não é um animal que se impõe. É até mesmo um animal inferior, quando comparado com as outras espécies. Se os animais falassem, o golfinho diria ao homem: Eu nado muito melhor do que você. O cão diria: Meu olfato é muito melhor do que o seu. O elefante: Eu sou bem mais forte do que você. A águia diria: Eu vejo melhor e mais longe do que você.

O ser humano nasce desprotegido, totalmente dependente dos pais e assim permanece por muito tempo. Não é capaz de encontrar seu alimento. Não sabe diferenciar o que lhe é bom do que é perigoso. Não consegue nem se defender nem fugir de um perigo. Do ponto de vista biológico, ele já teria se extinguido há tempo.

Mas, a extinção não aconteceu. Ao contrário, o ser humano proliferou-se mais do que os outros animais e dominou a terra. Exterminou os que lhe eram perigosos e domesticou outros, colocando-os a seu serviço como escravos ou como companheiros. Com seu trabalho, alterou o aspecto do planeta, construindo edifícios, pontes, estradas, barragens, navios, aviões... E agora está conquistando espaços interplanetários cada vez mais distantes. O homem tornou-se o senhor da natureza.

Por quê? Porque ele é um animal especial, único. Ele pode dizer aos outros animais que se gabam de serem melhores fisicamente: Eu tenho inteligência, vocês não têm. Embora seja mais fraco que muitos animais, o ser humano possui essa arma extraordinária: a inteligência. É nessa qualidade única que reside a explicação de seu sucesso no planeta. É a inteligência que dá vantagens aos humanos para superar a todos os animais. Algumas dessas vantagens são: o raciocínio, a reflexão, a técnica, a tradição, a comunicação falada e escrita, o progresso.

O ser humano é inventivo, por isso cada geração sabe mais que a anterior, enquanto que os animais transmitem seus conhecimentos de modo fixo e rígido. A cada dia que vivemos, conquistamos novas descobertas da ciência. E o mais interessante é que o progresso não tem a ver com nosso desenvolvimento biológico. Biologicamente nós não somos diferentes dos gregos antigos em quase nada. Porém, sabemos muito mais que eles.

Mas a técnica, a tradição e o progresso dependem de uma propriedade muito especial, propriedade esta que não existe nos outros animais. Nós, seres humanos, temos o grande poder do *raciocínio*, que é um modo diferente de pensar que possui diversas características. Antes de tudo, nós temos a capacidade de *abstração*. O que vem a ser isto? Vamos explicar.

Através dos sentidos, nós percebemos o mundo exterior. Nós vemos, ouvimos, sentimos... Assim, as diversas impressões e sensações dos objetos exteriores entram em nossa mente, onde elas são filtradas e elaboradas. De cada objeto captado pelos sentidos, a mente separa o que esse objeto tem de próprio ou individual e extrai o que ele tem em comum com todos os demais objetos de sua espécie. A mente, então, cria uma *ideia universal* daquele objeto.

Vamos dar um exemplo. Eu vejo aqui uma mesa com tampo de plástico. Na outra sala vejo outra mesa, mas diferente da primeira, mais longa e com tampo de madeira. Naquele canto está uma mesinha triangular de três pernas. E assim vejo muitas mesas de formas e tamanhos diferentes. Então, forma-se a ideia universal de mesa. De todas as imagens concretas de mesa, a mente deixa de lado aquilo que é próprio de cada uma – suas formas, tamanhos e cores – e tira o que é comum a todas elas: uma ideia universal de mesa.

Com essa ideia universal eu posso distinguir perfeitamente as mesas que estão misturadas com milhares de outros objetos diferentes. A ideia universal, portanto, é como se fosse uma luz pela qual posso identificar a mesa. O mesmo acontece com todas as outras coisas.

É desse modo que funciona o pensamento humano. Enquanto os outros animais sempre cuidam de coisas particulares e concretas, o homem é capaz de pensar de modo *abstrato, universal*. Para expressar seus pensamentos, ele usa muitas ideias e termos abstratos. O conceito de raiva, por exemplo, é o abstrato de um homem ou animal raivoso; altura é o abstrato de alguma coisa alta, de uma árvore, de uma torre; verdade é o abstrato de alguma coisa concreta que é verdadeira; possibilidade é o abstrato de alguma coisa que é possível. É essa capacidade que proporciona aos homens as maiores conquistas. A abstração da matemática, por exemplo, é um instrumento importante que ajudou a humanidade a chegar ao estágio de progresso que hoje conhecemos.

Algum outro animal além dos humanos possui esse instrumento valioso que é a abstração? Podemos afirmar com certeza que não. O animal conhece e compreende somente o que lhe é imediatamente útil. Seu modo de agir é inteiramente prático. Nada de abstração. O homem, com seu poder de abstração, elabora e estrutura a ciência e a filosofia que se tornaram instrumentos importantes para o progresso e o domínio da natureza.

Outra característica exclusiva do ser humano ligada ao raciocínio é a *religião*. Como vimos no início, o estudo comparativo das religiões demonstrou que não existiu nem existe nenhum povo sem religiosidade. A maioria das pessoas procura viver segundo uma visão religiosa da vida. Essa característica é totalmente inexistente nos animais.

O ser humano tem também a capacidade de *reflexão*. Ele pode pensar em si mesmo, ter autoconsciência, pode fazer perguntas sobre o sentido de sua existência: De onde vim, para onde vou, por que estou aqui? O animal não tem essa preocupação. O homem parece também ser o único que tem consciência clara do fato de um dia precisar *morrer*. O animal, uma vez entrado no processo de extinção, não resiste, apaga-se como uma vela. A morte "realiza-se" nele. Só o homem *morre*. O animal *deixa-se morrer*.

Outras qualidades especiais observadas nos humanos são: a capacidade de imaginar o futuro e de refletir sobre o passado longínquo; a consciência do bem e do mal baseada na Lei Moral ou lei do comportamento correto. Os animais não possuem essas qualidades.

Tendo em vista todas essas propriedades que distinguem o homem dos animais, o filósofo Platão chegou à conclusão que o ser humano é algo bem distinto de todo o resto na natureza, porque ele possui o espírito, a alma, a psique.

Fizemos essa exposição das características fundamentais do ser humano para dar a perceber as grandes diferenças que existem entre ele e os animais. O homem tem todas as características de um animal. Mas é um animal diferente, com propriedades muito especiais que não se encontram em outros animais, com principal destaque no poder de raciocínio e de abstração, na linguagem, na autoconsciência, na religião. Então, não é fácil dizer simplesmente que o ser humano é um produto de uma evolução cega, sem inteligência e sem intencionalidade. Nem o maior defensor do darwinismo fundamentalista da atualidade, Richard Dawkins, tem a coragem de fazer uma afirmação tão radical. Para ele, a teoria da evolução explica tudo, menos uma coisa: a consciência humana: "A evolução da capacidade de simular parece ter culminado na consciência subjetiva. Por que isto aconteceu é para mim o mais profundo mistério com o qual se defronta a Biologia moderna".[1]

Se não foi a todo-poderosa seleção natural que formou a consciência humana, o que ou quem foi?

O ANCESTRAL COMUM

Como vimos, o homem tem todas as características de um animal. E tudo indica que, no processo da evolução, ele também teve um animal como ancestral. É comum a gente ouvir dizer que o homem veio do macaco. Mas, isto não é correto. Estudos paleontológicos confirmam que tanto o macaco como o homem vieram de um mesmo tronco comum. Macaco e homem seriam galhos distintos do mesmo tronco. Seriam primos entre si.

---

[1] Richard Dawkins. *O gene egoísta*. Editora Itatiaia, 2001, p. 82.

O diretor do projeto Genoma Humano, Francis S. Collins, depois que o genoma foi todo desvendado afirmou que "a posição dos humanos na árvore evolucionária recebe apenas um reforço adicional comparada a nosso parente vivo mais próximo, o chimpanzé. Sua sequência de genoma foi agora desvendada e revela que humanos e chimpanzés são 96% idênticos no DNA.[2] A diferença entre eles é, portanto, de apenas 4%.

A semelhança entre o homem e o chimpanzé é comprovada também pela anatomia dos cromossomos de ambos. Os cromossomos são a manifestação visível do genoma do DNA, e cada um deles contém centenas de genes que codificam as proteínas. Os cromossomos dos chimpanzés e dos humanos são semelhantes no tamanho e no número, com uma diferença: o cromossomo humano 2 parece ser a fusão dos cromossomos 2a e 2b do chimpanzé. Isso reforça a tese de que os humanos e o chimpanzé tiveram um tronco comum na história da evolução.

Mas Collins faz uma observação importante: a comparação entre o genoma do homem e do chimpanzé não nos explica o que é preciso para ser humano. Existe *algo mais* que faz do homem uma criatura especial. Esse algo mais não foi herdado do animal, mas foi colocado na criatura humana pelo Criador. Diz ele:

> Se os humanos evoluíram rigorosamente por meio de mutação e seleção natural, quem precisa de Deus para nos explicar? A isso retruco: eu preciso. A comparação entre sequências de chimpanzé e do ser humano, embora interessante, não nos explica o que é preciso para ser humano. A meu ver, apenas a sequência de DNA, mesmo acompanhada por um imenso baú de tesouro com dados sobre funções biológicas, nunca irá esclarecer determinados atributos especiais de humanos, como o conhecimento da Lei Moral e a busca universal por Deus. Livrar Deus do fardo de atos especiais da criação não o exclui como fonte daquilo que torna a humanidade especial, nem do próprio universo. Simplesmente nos mostra alguma coisa sobre como Ele trabalha.[3]

---

[2] Francis S. Collins. *A linguagem de Deus – um cientista apresenta evidências de que Ele existe*. 3. Ed. Editora Gente, p. 143.
[3] *Ibidem*, p 146.

Esse ponto de vista de Collins concorda com o ensino da Igreja católica que admite a possibilidade da evolução humana passando por um animal, mas que acredita em uma intervenção direta de Deus na criação do espírito humano.

Darwin achava que a diferença entre os homens civilizados e os selvagens era grande. Em seu tempo, ele realmente não podia saber quão pequena era essa diferença. Hoje nós sabemos. Collins afirma: "No nível de DNA, somos todos 99,9% idênticos. Essa semelhança se aplica independentemente de quaisquer indivíduos no mundo todo que você escolher para fazer comparações. Assim, pela análise do DNA, nós, humanos, fazemos realmente parte de uma família".[4]

Então, leitor, você e eu podemos ser diferentes em apenas 0,1% no DNA, quaisquer que sejam nossas diferenças de cor ou de raça. E os pobres fueguinos e os nobres lordes ingleses eram e são iguais em 99,9%. Se Darwin soubesse disso, ele certamente não diria "quão completa é a diferença entre o homem selvagem e o civilizado".

Fazendo agora um paralelo entre a teoria da evolução e a narração bíblica, podemos concluir que se trata de duas visões diferentes acerca da origem do homem. A ciência se apoia em alguns dados físicos e biológicos; a Bíblia apresenta uma narração cheia de símbolos: Deus em pessoa moldando o homem com o barro e depois insuflando-lhe a vida com um sopro; e da costela do homem fez a mulher. São símbolos que querem dizer somente isto: foi Deus quem criou o homem e a mulher. Como Ele criou, é um dado misterioso. Não importa que Ele tenha usado de um animal preexistente para nele infundir o espírito inteligente. A versão científica e a bíblica não se contradizem, mas se completam, com uma condição: que o cientista não pretenda excluir a intervenção de Deus na formação do homem, e o crente não pretenda procurar encontrar na ciência a confirmação de quanto diz a Bíblia.

---

[4] *Ibidem*, p. 131-132.

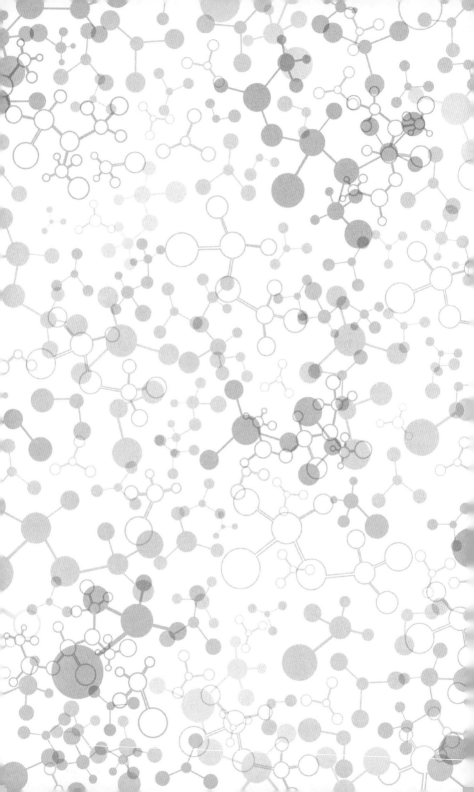

6 | O DEUS FAMÍLIA

Cremos que Deus é um só. Mas não é solitário. Ele existe em três Pessoas. Deus é uma família. Desde toda a eternidade coexistem o Pai, o Filho e o Espírito Santo. Três Pessoas distintas, mas um só Deus. Três Pessoas distintas, mas uma só natureza divina. É o Mistério da Santíssima Trindade. Mistério que jamais seria conhecido por nós, se o próprio Deus não nos revelasse. De fato, podemos descobrir a existência de Deus através das coisas criadas, mas jamais poderíamos chegar a conhecer que Deus existe em Três Pessoas. Foi Jesus quem trouxe essa boa nova. No Antigo Testamento não se fala explicitamente sobre a Santíssima Trindade. No Novo, o ensino da Trindade divina é bem claro nos Evangelhos e nas cartas dos apóstolos.

O mistério da Trindade é apresentado de vários modos nos ensinos catequéticos e nos livros de teologia. Um dos modos faz uso de analogia. A Trindade é representada por meio de um triângulo equilátero, que tem três ângulos e três lados iguais. Os ângulos e lados são distintos, mas pertencem à única natureza de triângulo. De um modo análogo, em Deus há uma só natureza, mas existente em três Pessoas distintas.

Existe um outro modo de descrever a Trindade, que me parece mais adequado. Desde toda a eternidade Deus Pai conhece a si mesmo. Essa ideia, esse autoconhecimento que o Pai tem de si é tão perfeito, tão exato, que se torna uma pessoa distinta: Deus Filho. O Filho, portanto, é o autoconhecimento do Pai, não um autoconhecimento que fica somente na mente do Pai, mas que se extravasa para fora dele mesmo. Podemos também fazer a analogia do espelho: é como se Deus Pai se contemplasse em um espelho; a imagem que ele vê é tão exata, tão perfeita que se transforma em uma pessoa distinta: o Filho. Podemos, então, dizer que Deus Filho é a imagem perfeita e exata do Pai.

O Pai e o Filho se conhecem, comunicam-se e se amam desde toda a eternidade, e esse amor é tão grande e tão perfeito que se torna uma pessoa distinta: o Espírito Santo, que é o Amor personificado entre o Pai e o Filho.

O teólogo Leonardo Boff também expressa esse modo de ver Deus. Primeiramente ele considera Deus como o Mistério dos mistérios: "No princípio estava o Mistério. O Mistério era Deus. Deus era o Mistério". E explica como o Mistério existe em Três Pessoas:

> Na medida em que permanece sempre o Mistério inacessível, mesmo na autocomunicação e na autorrevelação, chama-se Pai. É insondável, impenetrável, impensável. A atitude mais apropriada diante dele é o silêncio respeitoso e devoto. É um abismo de amor e de bondade tão fascinante que a todos atrai para mergulharem em seu seio paternal.
>
> O conteúdo do que é revelado pelo Pai no ato mesmo de se autocomunicar-se chama Filho. Ele é eternamente o Filho do Pai. Ele é a Palavra que brota do Mistério e que convida a ser compreendida e acolhida. É luz de Luz que ilumina todas as coisas que existem e por existir.
>
> Na medida em que o Mistério sai de si (Pai) e se faz Palavra (Filho), cria-se a condição de comunhão de um com o outro: é Espírito Santo. Ele é o Sopro (*spiritus*) que sai do Pai na direção do Filho e do Filho na direção do Pai, fazendo com que os Três sejam um só Mistério que se dá e que volta sobre si mesmo. O Espírito é a eterna energia de união dentro da Trindade.[1]

---

[1] Leonardo Boff. *Cristianismo, o mínimo do mínimo*. Editora Vozes, 2011, p. 18.

Deus Pai não gerou o Filho uma única vez ou de uma vez por todas e depois parou de gerá-lo. Não, ele gera o Filho constantemente, sem cessar, por toda a eternidade. Se o Pai deixasse de gerar o Filho por um só instante (estamos pondo tempo em Deus...), nesse exato instante o Filho deixaria de existir. Do mesmo modo, o amor entre o Pai e o Filho é constante, sem cessar, por toda a eternidade. Se esse amor fosse interrompido por um só instante, o Espírito Santo deixaria de existir e o elo da Trindade ficaria rompido. Desde toda a eternidade, não existe a solidão do Uno, mas a comunhão dos Três. E os Três se relacionam e se entrelaçam tão completamente que se tornam um só Deus-Comunhão-Amor. É o que diz Boff:

> O Mistério é Uno, isto é, ele não se multiplica. Ele se mostra assim como é, como Três em eterna coexistência, em simultânea interexistência e em perene persistência na comunhão e na autoentrega de um ao outro no amor. Por isso é um único Deus. Eles se entrelaçam, interpenetram-se e unificam-se (ficam um) sem deixar de ser diversos. São diversos para poderem se relacionar e autocomunicar um ao outro, pelo outro e no outro, e jamais sem o outro. Assim são e permanecem eternamente juntos.[2]

Deus é um Mistério para nós. Ele não é e nunca será inteiramente compreendido nem pelo amor, nem pela inteligência, nem nesta nem na outra vida. O conhecimento que temos de Deus é fracionado. Cada conhecimento chama por outro conhecimento e nunca ficamos satisfeitos, pois o Mistério é insondável e sempre existe algo mais a ser conhecido. E após cada encontro com o Mistério suspiramos por um novo encontro. Nossa mente nunca fica satisfeita e nosso coração o procura sem cessar.

Deus é indivisível, as três Pessoas sempre andam entrelaçadas. Se elas se separassem, Deus deixaria de existir. É como na analogia do triângulo: se tirarmos um dos lados, o

---

[2] *Ibidem*, p. 18-19.

triângulo perde a natureza de triângulo, deixa de ser triângulo; nem o lado retirado é triângulo, nem os dois lados que restam formam um triângulo. De modo análogo, se uma das Pessoas divinas se separa, a Trindade perde sua natureza divina, deixa de ser Deus. A essência de Deus é ser um em três.

As três Pessoas divinas são iguais. O Pai não é maior que o Filho, nem o Filho maior que o Pai. E nenhum dos dois é maior que o Espírito Santo. Nem se pode dizer que o Pai é *Primus inter pares* – o primeiro entre os iguais.

No entanto, dizem os teólogos, cada Pessoa divina tem uma propriedade particular. A paternidade só compete ao Pai, não ao Filho nem ao Espírito Santo. A filiação só compete ao Filho. E é próprio somente do Espírito Santo estabelecer a comunhão entre o Pai e o Filho pelo amor.

Há teólogos que veem na Igreja católica uma atenção especial dada ao Pai, que deixa a impressão de que ele é o primeiro, o maior e o mais importante dos três. No Credo se professa que ele é "Pai Todo-poderoso, criador do céu e da terra". E a liturgia católica parece dar mais importância a ele. O Pai é tido como onipotente, onisciente, juiz supremo e senhor absoluto da vida e da morte. Leonardo Boff comenta que "esta religião do Pai serviu e continua servindo de justificação ideológica a todo tipo de paternalismo e autoritarismo pelos quais as pessoas são mantidas na dependência e no servilismo".[3]

Deus Espírito Santo

O Espírito Santo é o vínculo entre o Pai e o Filho, é ele que os une no Amor. O Pai ama a si mesmo e ao Filho com um só amor; e o Filho ama a si mesmo e ao Pai com um só amor. O Espírito Santo é o Amor mútuo entre o Pai e o Filho. Por isso se diz que o Espírito Santo procede do Pai e do Filho e se torna a terceira Pessoa da Trindade.

---
[3] *Ibidem*, p. 171.

O Pai não só ama ao Filho pelo Espírito Santo, mas também ama a nós, pelo mesmo Espírito. Por isso, São Paulo diz aos gálatas: "Andai segundo o Espírito de Deus e não satisfareis os desejos da carne. Eis os frutos do Espírito: amor, alegria, paz, longanimidade, doçura, bondade, fidelidade, mansidão, autodomínio. Se vivemos pelo Espírito, guiemo-nos também pelo Espírito" (Gl 5,16.22.23.25).

Quando o apóstolo Paulo chegou à cidade de Éfeso, perguntou aos discípulos que lá encontrou: "Recebestes o Espírito Santo quando abraçastes a fé?". Eles responderam: "Mas nem ouvimos dizer que haja um Espírito Santo" (At 19,2). Assim como naquele tempo, também hoje o Espírito Santo é um pouco desconhecido entre nós, cristãos do Ocidente. O papa Francisco disse em uma homilia em 13 de maio de 2013: "Hoje, muitos cristãos não sabem quem seja o Espírito Santo, como seja o Espírito Santo. E algumas vezes se escuta: 'Eu me viro bem com o Pai e com o Filho, porque rezo o Pai-nosso ao Pai, comungo com o Filho, mas com o Espírito Santo não sei o que fazer...' Ou dizem: 'O Espírito Santo é a pomba que nos dá sete presentes'. Mas assim o Espírito Santo está sempre no final e não encontra um bom lugar em nossa vida".

O Espírito Santo é o Amor personificado entre o Pai e o Filho. E quem ama a Deus, está imerso no Espírito Santo.

Onde está Deus?

O catecismo que aprendemos desde criança diz que Deus está no céu, na terra e em toda parte. Não há nenhum lugar onde não esteja. Esse é um modo humano de imaginar Deus. Pois sabemos, como vimos acima, que Ele não está no espaço nem no tempo, não ocupa lugar físico. Entretanto, está presente em tudo e em toda parte de um modo misterioso, mas real.

RAZÃO E FÉ | Reflexões para uma fé adulta

Jesus nos ensinou a rezar "Pai nosso, que estais no céu". Onde está o céu? Santa Teresa tem uma resposta interessante para essa pergunta. Ao explicar a oração do Pai-nosso para as monjas de suas comunidades, ela dizia que o céu está onde Deus está. E Deus não fica perambulando por aí sozinho, sem companhia. Onde está Deus estão as três Pessoas divinas, unidas e inseparáveis. E onde está a Trindade, estão necessariamente todos os seus anjos e os seus santos. Portanto, onde Deus está, lá está o céu. Mas, de acordo com São Paulo, nós somos o Templo de Deus, sua morada (1Cor 3,16). E onde Deus mora, lá é o céu.

E a santa conclui que, para falar com Deus e alegrar-se com sua companhia, não é necessário ir a um céu distante nem clamar em altas vozes. Podemos falar-lhe ao ouvido: "Por baixinho que fale, está Ele tão perto que sempre nos ouvirá. Para ir buscá-lo não precisamos de asas: basta pôr-se em solidão e olhá-lo dentro de si mesma. Não estranhe tão bom hóspede. Fale-lhe como a um pai, com grande humildade. Peça-lhe como a um pai. Conte-lhe seus sofrimentos e implore remédio para eles, entendendo que não é digna de ser sua filha".[4]

Na pessoa de Jesus Cristo, Deus percorreu toda a nossa existência e experimentou todos os sentimentos humanos no próprio corpo. Tudo em nós foi experimentado e transformado por Deus. Portanto, nós somos o lugar em que podemos perceber Deus. Não podemos desprezar nosso corpo, pois nele mora Deus. Também não podemos desprezar o mundo, pois é no mundo, na matéria e nas coisas materiais que podemos perceber a presença de Deus.

Os Padres da Igreja primitiva diziam que Deus se tornou humano para que o ser humano se tornasse divino. Na Pessoa de Jesus, a divindade se atrelou à humanidade, e a humanidade se atrelou à divindade. Jesus Cristo é o ponto que une estreitamente o Criador a sua criatura. Não há necessidade de nos endeusarmos, pois a vida divina está em nós.

---

[4] Santa Tereza de Jesus. *Caminho de Perfeição*, cap. 28, 1 a 3.

Santa Catarina de Sena diz que Deus atrai e cativa, e quanto mais nos aproximamos dele, mais Ele nos prende e embriaga:

> Ó Trindade eterna! És um mar insondável em que, quanto mais me aprofundo, mais te encontro; e quanto mais te encontro, mais te procuro ainda. De ti jamais se pode dizer: basta! A alma, que se sacia em tuas profundezas, deseja-te sem cessar, porque sempre está faminta de ti; sempre está desejosa de ver tua luz em tua luz.[5]

De Deus jamais se pode dizer: basta! Por isso, São Francisco de Assis dizia que Deus é o NUNCA BASTANTE. Na vida do santo, conta-se um fato que é narrado por seu companheiro, o irmão Leão. Francisco ficou três dias no interior de uma gruta em fervorosa oração e meditação. Quando saiu da gruta, o irmão Leão notou que ele brilhava como uma brasa ardente e seu rosto irradiava uma felicidade indescritível. Francisco estendeu as mãos e disse:

— Meu bom irmão Leão, estás disposto a escutar o que te vou dizer?

Vendo seus olhos brilharem de uma estranha emoção, Leão ficou com medo. Teria Francisco perdido a razão?

Percebendo a hesitação do irmão, Francisco se aproximou mais e disse:

— Até agora foram usados muitos nomes para definir Deus. Esta noite, descobri outros. Deus é Abismo insondável, insaciável, implacável, infatigável, insatisfeito... Aquele que nunca disse para a alma: Agora basta!

E gritou com voz trêmula:

— *Nunca Bastante!* Não é demais, irmão Leão, isso que Deus me deu a conhecer durante estes três dias, lá no interior da gruta: *Nunca Bastante!* O pobre homem feito de barro reage, protesta: — Não posso mais! E Deus responde: — Ainda podes! O homem geme: — Vou estourar! — Estoura, responde Deus.

---

[5] Santa Catarina de Sena. *Diálogos*, 2.

A voz de Francisco enrouqueceu. Frei Leão sentiu pena dele. Temeu que cometesse qualquer disparate. Irritado, disse a Francisco:
— O que quer Deus, agora, de ti? Não beijaste o leproso, que tanta repugnância te causava?
— Não é suficiente!
— Não abandonaste tua mãe, a mulher mais bondosa do mundo?
— Não é suficiente!
— Não te expuseste ao ridículo, entregando tuas roupas ao teu pai e ficando nu diante do povo?
— Não é suficiente!
— Mas não és o homem mais pobre do mundo?
— Não é suficiente! Não te esqueças, irmão Leão: *Deus é o Nunca Bastante!*[6]

Tratamos aqui da Trindade de Deus segundo a fé cristã. O que a ciência tem a dizer sobre essa crença? Nada. A Trindade é um assunto transcendente que pertence estritamente ao campo da fé. A ciência não tem provas nem a favor nem contra. Então, a atitude do cientista, mesmo do não crente, é de silêncio diante do mistério e de respeito para com as pessoas que creem.

---

[6] Cf. Inácio Larrañaga. *Mostra-me o teu rosto*. 13. ed. Editora Paulinas, p. 24.

7 | NOSSAS ATITUDES PARA COM DEUS

Se cremos que Deus existe, então essa crença leva-nos necessariamente a termos certas atitudes diante dele. O verdadeiro crente nunca pode ficar indiferente. Sua vida deve ser vivida de acordo com um padrão que leva Deus em conta. Deve ter atitudes que se exprimem em adoração, oração, louvor, glorificação, gratidão, ação.

Adorar significa reconhecer Deus como o supremo Senhor, o Absoluto, o Criador do universo, o Único, a quem devemos a vida, a quem devemos dar glória e prestar louvor e culto. Adoração nesse sentido só deve ser dirigida a Deus e a ninguém mais.

A Bíblia e a liturgia católica afirmam frequentemente que devemos dar glória a Deus. O que isto significa? De acordo com o teólogo João Resende Costa, glória é tradução do hebreu *kabod*, que vem de uma raiz linguística que significa estar pesado, carregado. Quer dizer, então, que o mundo criado está carregado do *valor* e do *peso* de Deus. Glorificar é reconhecer o peso e o valor de Deus tanto na criação do mundo como na salvação da humanidade. "A criação mostra a glória ou o peso de Deus nos céus recamados de estrelas e galáxias; nos sabores de coisas gostosas; na companhia das outras mulheres e dos outros homens com os quais Deus aprouve nos fazer viver na festa e no nefasto... no florir das flores e no eclodir dos frutos, tudo fala da *kabod* de Deus, de seu peso e seu valor empenhados em nosso favor." O salmo 104 canta a glória de Javé. Dar glória a Deus significa reconhecer o esplendor do poder de Deus.

"Quer comais, quer bebais, quer façais qualquer outra coisa, fazei tudo glorificando a Deus, em tudo reconhecendo a glória, o valor e o peso do amor de Deus por vós", diz Paulo.[1]

Uma grande obrigação daquele que crê é sem dúvida estar sempre em contato com seu Deus. E o modo mais comum de estabelecer esse contato é pela oração. Santa Teresa de Ávila dá uma definição da oração: "Ao meu ver, a oração não é outra coisa senão tratar intimamente com aquele que sabemos que nos ama, e estar muitas vezes conversando com Ele". Sempre devemos achar um tempo para a oração. Não ter tempo para Deus é viver perdendo tempo. Quem não reza põe tudo a perder: sua alma e sua estrutura psicossomática.

Mas pensar em Deus não é fácil, exige algum esforço, porque Ele está acima e além do pensamento. Então, por que se preocupar em ter contato com Ele? Porque, se Deus existe, então as consequências para nossas vidas são enormes. Nosso comportamento não pode mais ser pautado por *minhas* vontades e *meus* desejos, mas por *suas* vontades e *seus* desejos. O ideal seria as duas vontades juntas.

Devemos preocupar-nos com Deus. A razão é muito simples: se eu creio que Ele existe e vivo como se Ele não existisse, então estou vivendo uma mentira. Deus é importante tanto para o ateu quanto para o que tem fé; tanto para o cientista quanto para o teólogo. E se Deus é tão importante para todo e qualquer ser humano, Ele não pode ser apenas objeto de nosso conhecimento. Ele deve ser vivido, deve ser *experimentado*. Por isso, nosso conhecimento e nossa fé em Deus evoluem e se desenvolvem durante nossa vida toda e fazem com que nós também evoluamos e mudemos.

Deus é um ser misterioso que atrai e cativa e que, quanto mais nos aproximamos dele, mais nos prende e embriaga. Quanto mais próximos vivemos de Deus, mais vontade de estar com Ele. E então se forma um círculo virtuoso que nos faz

---

[1] João Rezende Costa. *Abbá! Pai! – o Deus de Jesus é diferente*. Editora Loyola, 1999, p. 21.

7 | NOSSAS ATITUDES PARA COM DEUS

viver uma vida plena, a única que realmente vale a pena viver, porque leva à felicidade eterna. O teólogo Inácio Larrañaga descreve bem esse estado de espírito:

> Se o contemplador continua avançando pelas obscuras rotas do mistério de Deus, forças desconhecidas ativadas pelo Amor empurram a alma para dentro de Deus vivo, por uma rampa totalizadora em que Deus vai sendo cada vez mais o Todo, o Único e o Absoluto, como em um torvelinho em que o homem inteiro é apanhado e arrastado, enquanto se purifica e as escórias egoístas são queimadas. Deus acaba por transformar o homem contemplador em uma tocha que arde, ilumina e resplandece. Pensemos em Elias, João Batista, Francisco de Assis, Carlos de Foucauld... Para esse homem, Deus vale por uma esposa carinhosa, por um bom irmão, por um pai solícito, por uma fazenda de mil hectares ou por um palácio fantástico. Em uma palavra, Deus se converte na grande recompensa, em um festim, em um banquete.[2]

Existem pessoas, e muitas, que têm *medo* de Deus. Elas raciocinam do seguinte modo: "Se levo de fato Deus a sério, então preciso mudar muitas coisas em minha vida. Devo deixar certos divertimentos pecaminosos, perdoar aos que me ofendem, conviver com quem não me simpatizo, terminar com aquela amizade. Devo levar uma vida de menos mundanismo e de mais penitência, mais obediência. Enfim, se levo Deus a sério, Ele fará de mim um arco retesado. Por isso, é melhor fazer-me de distraído com relação a Ele". Assim pensam as pessoas insensatas. E, com isso, caem na frivolidade, em uma vida nem quente nem fria com relação a Deus.

Para quem deixa Deus morrer, nascem os monstros em seu lugar: o absurdo, a angústia, a solidão, a depressão, o nada... Suprimindo Deus, ficamos sem o único interlocutor que vale a pena. E a vida se torna, como disse o filósofo Sartre, uma paixão inútil, como um relâmpago absurdo entre duas eternidades de escuridão.

---

[2] Inácio Larrañaga, *op. cit.*, p. 29.

Como será o fim de uma pessoa que viveu a vida como se Deus não existisse? A morte é o momento culminante da vida. Quando a pessoa percebe que é o fim, que não há mais esperança, a quem recorrer? A quem oferecer a vida transcorrida? Em que altar consumar o holocausto? A que tábua de salvação agarrar-se?

Dificuldades na oração

Ter uma vida em constante oração, em contínuo contato com Deus, não é fácil. Santa Teresa de Ávila sentiu essa dificuldade na pele. Ela conta uma passagem de sua vida em que sentia duas forças dentro de si: uma que a atraía para Deus, para a oração, outra que a queria arrastar para o mundo, para as coisas mundanas: "A vida que eu levava era penosa ao extremo, porque na oração percebia melhor minhas faltas. Por um lado Deus me chamava, por outro, eu seguia o mundo. Apesar de experimentar grande felicidade nas coisas divinas, sentia-me presa às humanas. Procurava conciliar esses dois contrários tão inimigos um do outro: vida espiritual com seus gostos e suavidades e os passatempos dos sentidos. Na hora de oração, padecia grande tormento".[3]

Por muito tempo ela passou por esse tormento, sem conseguir romper com uma ou com a outra dessas duas forças contraditórias: "Passei nesse mar tempestuoso quase vinte anos, ora caindo ora levantando. Mas levantava-me mal, pois tornava a cair... Sei dizer que é uma das vidas mais penosas que se possa imaginar. Nem me alegrava em Deus nem achava felicidade no mundo. Em meio aos contentamentos mundanos, a lembrança do que devia a Deus me atormentava. Quando estava com Deus, perturbavam-me as afeições do mundo. É uma guerra tão penosa que não sei como aguentaria um mês, quanto mais tantos anos!"[4]

---

[3] Santa Teresa de Jesus. *Livro da Vida*. 3. ed. Editora Paulinas, p. 53.
[4] *Ibidem*, p. 57.

7 | NOSSAS ATITUDES PARA COM DEUS

Mais adiante, a santa faz uma recomendação muito importante: "Quem começou a se entregar à oração, não a deixe, por mais pecados que faça. Com ela terá meios de se recuperar, ao passo que sem ela será muito mais difícil". Nesse sentido, santo Afonso, fundador da Congregação do Santíssimo Redentor, costumava repetir sempre esta frase: "Quem reza se salva, quem não reza se condena".

A APOSTA DE PASCAL

O francês Blaise Pascal (1623-1662) foi um dos grandes gênios do século XVII, uma mistura de filósofo, físico e matemático. Tinha fé em Deus, mas passou por uma experiência espiritual com muitas dúvidas e incertezas sobre assuntos religiosos. Escreveu a *Apologia da Religião Cristã*, na qual procura responder às objeções contra a religião. Era muito doente e morreu cedo, aos 39 anos, não conseguindo terminar sua obra. Deixou muitas anotações e pensamentos dispersos que foram publicados sob o título de *Pensées* (Pensamentos), apreciados até os dias de hoje.

Depois de tentar todo tipo de argumento em favor da existência de Deus, deu-se conta de que nenhum deles era cabalmente convincente. De fato, não existem provas *científicas* sobre a existência de Deus. Usando os argumentos de probabilidades que o próprio Pascal ajudou a desenvolver, pode-se dizer que há um empate: 50% a favor da existência e 50% contra. Foi nesse contexto que Pascal forjou o famoso argumento da "aposta", que pode ser assim formulada:

1. Se você acredita em Deus e nas Escrituras e estiver certo, terá o paraíso como recompensa – terá feito o maior negócio de sua vida e será feliz eternamente.

2. Se você acredita em Deus e nas Escrituras e estiver errado, não terá perdido nada – terá feito um negocinho mixuruca.

3. Se você não acredita em Deus e nas Escrituras e estiver certo, também não terá perdido nada.

4. Mas, se você não acredita em Deus e nas Escrituras e estiver errado, irá para o inferno – terá feito o pior negócio de sua vida, com perda total e irremediável e você estará frito eternamente.

A aposta apresenta a seguinte vantagem: ou você tem tudo a ganhar ou você não tem nada a perder. Portanto, a aposta não é uma coisa irracional e vale a pena fazê-la.

O teólogo Joseph Ratzinger, antes de se tornar o papa Bento XVI, também lançou uma aposta semelhante para o não crente. Diz ele que deveríamos inverter o axioma dos iluministas que dizem: "viver como se Deus não existisse", para este outro: "viver como se Deus existisse", mesmo que não se consiga encontrar o caminho da aceitação de Deus. A vida é demasiado breve, demasiado preciosa, demasiado difícil para ser vivida de qualquer maneira.

É de Pascal a famosa frase: "O coração tem razões que a própria razão desconhece". Então, pode-se dizer que, no fundo, a "aposta" nada mais é do que seguir a "razão do coração". Pois, como dizia santo Agostinho nas *Confissões*, é somente em Deus que o coração humano pode verdadeiramente repousar. E enquanto isso não acontece, o coração permanece inquieto.

CÉREBRO E CORAÇÃO

As expressões "razão do coração", "coração inquieto" e muitas outras, que encontramos na Bíblia e ouvimos em nosso dia a dia, colocam muita coisa no coração humano que ele não pode suportar. O coração nada mais é que uma bomba que transporta o sangue para todo o corpo. Ele não tem

7 | NOSSAS ATITUDES PARA COM DEUS

nada a ver com amor, ódio e outras emoções. As pesquisas em neurociência confirmam que todas as nossas experiências são geradas em nosso cérebro. A autoconsciência, as emoções, o amor, o ódio, a afetividade e até mesmo a sensação da presença de uma divindade são determinados por microestruturas cerebrais.[5]

Entretanto, existe uma cultura milenar que coloca no coração a origem de todas essas experiências humanas. A Bíblia vai mais além, pois acredita que o coração é também a sede da inteligência e dos pensamentos. Não se encontra em nenhum lugar da Bíblia a palavra cérebro. É o coração que faz as vezes dele. No Evangelho de São Mateus se lê: "Com efeito, é do coração que procedem as más intenções, assassínios, adultérios, prostituição, roubos, falsos testemunhos e difamações" (Mt 15,19).

Essa crença que coloca as emoções no coração perdura até hoje. Veja este exemplo tirado de um jornal publicado por uma seita cristã:

> É em um coração sobrenatural que surge a fé sobrenatural, enquanto no coração natural surge apenas a fé natural. O coração dado por Deus é um coração sobrenatural, no qual nasce a fé sobrenatural; já o coração humano é um coração natural, no qual nasce a fé natural. Enquanto o coração sobrenatural é o da crença, da certeza e da convicção – crer para ver – o coração natural diz respeito à fé natural – ver para crer. O coração sobrenatural é sensível à voz de Deus, porque tem ouvidos para ouvir. Mas o coração natural é sensível à voz do diabo. Seus ouvidos são os naturais, por isso, as intrigas estimuladas pelo diabo têm endereço certo: os corações naturais. Nestes, as intrigas se desenvolvem e produzem seus efeitos mortíferos.

O que há de errado nesse texto? Do ponto de vista da teologia, nada errado. Do ponto de vista da biologia e da neurociência, tudo errado. O coração é uma simples bomba, e

---
[5] Cf. Dr. Raul Marinho, *op. cit.*, p. 89.

por sinal uma bomba perfeita, na qual nenhum engenheiro hidráulico pode botar defeito; ela bate dia e noite sem parar, durante uma vida inteira. Mas, não tem estrutura para pensar nem sentir nada. Nossas emoções e nossos pensamentos são gerados no cérebro.

Então, o que fazer com a cultura milenar que tem o coração como centro das emoções? Nada. Deixar como está, deixar que o coração continue sendo o lugar e o símbolo do amor e das emoções. E podemos muito bem continuar com a devoção ao Sagrado Coração de Jesus e de Maria.

8 | O PLANO GRANDIOSO DE DEUS

Nós não somos o produto casual e sem sentido da evolução. Cada um de nós é o fruto de um pensamento de Deus. Cada um de nós é querido, cada um é amado, cada um é necessário.

Essa afirmação foi feita pelo papa Bento XVI na homilia do início de seu pontificado, em 24 de abril de 2005. Deus não fica indiferente à história da humanidade. Penso que aí está um dogma fundamental do cristianismo: Deus teve um projeto em mente quando criou o universo, a vida e o ser humano. Sem esse dogma não se compreende a história de Jesus Cristo neste mundo. De fato, no Evangelho de João está escrito: "Deus amou tanto o mundo que entregou seu Filho único, para que todo o que nele crê não pereça, mas tenha vida eterna" (Jo 3,16). Talvez esta seja a afirmação mais importante de toda a Bíblia, que resume todo o seu conteúdo, pois indica a saga divina acompanhando de perto a história da humanidade.

Daí se pode concluir que o cristão tem que ser, de algum modo, um adepto de um Projeto Inteligente: Deus planejou tudo para que, no final das contas, surgisse o ser humano, por Ele querido e amado. É lógico que esta é uma questão de fé. A afirmação do papa não pode ser provada pela ciência. Não se pode provar que alguma Mente Superior está no começo de tudo. Isto escapa ao domínio da física; pertence ao domínio da metafísica e da fé.

RAZÃO E FÉ | Reflexões para uma fé adulta

Mas a ciência pode vir em auxílio da fé. No final do século XX e começo deste, foram descobertas algumas constantes físicas que deixaram perplexos os homens da ciência. Essas constantes, expressas em números, estão ajustadas com tamanha exatidão que, se elas fossem ligeiramente diferentes, esse universo que aí está não existiria. É como se o universo estivesse em equilíbrio em cima de um fio de navalha.

É a teoria chamada de Ajuste-Fino (Fine-Tuning). Já tratamos dessa teoria no livro *Deus no século XXI* [1], mas é bom considerá-la de novo aqui, pela importância que tem neste contexto. Hoje em dia, os cientistas estão convencidos de que houve um ajuste-fino das leis e constantes da natureza que deram origem ao universo e à vida. Foi um ajuste-fino de fato bem ajustado, bem apertado, de tal modo que é lícito concluir que o mundo e a vida não se formaram por puro acaso, mas de acordo com algum projeto inteligente e intencional.

O astrofísico Stephen Hawking, autor do best-seller *Uma Breve História do Tempo*, escreveu: "O dado a se notar é que os valores destes números (as constantes físicas fundamentais) parecem ter sido muito adequadamente ajustados para tornar possível o desenvolvimento da vida. Por exemplo, se a carga elétrica do elétron fosse apenas ligeiramente diferente, as estrelas nem seriam capazes de fundir hidrogênio e hélio, nem teriam explodido... Parece claro que existe relativamente pouca variação de valores para os números (as constantes) que determinam o desenvolvimento de qualquer forma de vida inteligente".[2]

A BBC de Londres produziu um programa intitulado *O Princípio Antrópico*, um debate com a participação de vários cientistas de renome. O Dr. Dennis Scani, da Universidade de Cambridge, argumentou: "Se as leis da natureza fossem um pouquinho diferentes, ou se as constantes da natureza

---

[1] Augusto Pasquoto. *Deus no Século XXI*. Aparecida: Editora Santuário, 2010.
[2] Stephen Hawking. *Uma Breve História do Tempo*., p. 176-177.

fossem um pouquinho diferentes – como a carga do elétron – então o modo pelo qual o universo se desenvolveu seria tão alterado que provavelmente a vida inteligente não teria sido capaz de desenvolver-se". E um professor de física teórica da Universidade de Newcastle acrescentou: "A coisa realmente surpreendente não é que a vida na Terra seja equilibrada em cima de um fio de navalha, mas que o universo inteiro seja equilibrado em um fio de navalha, e seria o caos total se qualquer uma das constantes naturais fosse levemente diferente".

O astrofísico Fred Hoyle também participou do debate. Sua argumentação foi que algum ser inteligente deve estar na origem do ajuste-fino: "Uma interpretação de bom senso dos fatos sugere que um Superintendente tenha se intrometido com a física, como também com a química e a biologia, e que não há forças cegas na natureza. Eu não acredito que algum físico que examine a evidência não possa chegar à conclusão de que as leis da física nuclear tenham sido desenhadas deliberadamente, com respeito às consequências que elas produzem nas estrelas".

Existem mais de vinte números que indicam a precisão absoluta do ajuste-fino na natureza. Alguns deles são:

1. A força gravitacional – aquela que atrai todos os corpos entre si: se fosse maior, a vida das estrelas seria mais curta; se menor, não haveria produção de elementos pesados.

2. A força nuclear forte – aquela que une as partículas do núcleo dos átomos entre si: se fosse maior, não haveria a formação de hidrogênio e os núcleos essenciais à vida seriam instáveis; se fosse menor, não haveria a formação de elementos pesados.

3. A força eletromagnética: se fosse maior ou menor, não haveria ligação química.

4. A razão das massas dos elétrons para os prótons: se fosse maior ou menor, não haveria ligação química.

RAZÃO E FÉ | Reflexões para uma fé adulta

5. A razão de expansão do universo: se fosse maior, não haveria a formação de galáxias; se menor, o universo colapsaria antes da formação das estrelas.

6. O universo é eletricamente neutro: se fosse diferente, os planetas não poderiam estar estáveis em suas órbitas.

Como se vê, o ajuste-fino revela que o universo existe somente porque certas constantes físicas universais estão dentro de uma faixa muito estreita, de tal modo que, se alguma das muitas constantes fundamentais fosse levemente diferente, o universo não teria as condições necessárias para o desenvolvimento da matéria, das estruturas astronômicas, da diversidade elementar ou da vida como ela é entendida atualmente.

Richard Dawkins concorda que existe de fato uma só maneira pela qual o universo possa existir na faixa estreita do ajuste-fino. Ele pergunta: Por que essa maneira de o universo existir "teve de ser tão adequada a nossa evolução? Por que ela teve de ser o tipo de universo que quase parece que sabia que estávamos chegando?"[3]

Roger Penrose, professor de matemática na Universidade de Oxford, calculou a probabilidade do surgimento de nosso universo no momento da criação e chegou a um número surpreendente: seria necessária uma precisão de 1×10^{123} para colocar o universo em seu curso. É um número astronômico que ninguém pode imaginar nem escrever por completo em nossa anotação decimal ordinária (potência de dez). Penrose calcula que, mesmo se fôssemos escrever um zero em cada próton e em cada nêutron existentes no universo inteiro, nós não conseguiríamos nem de longe escrever o total de zeros colocados depois do número 1.

O astrofísico Michael Turner, da Universidade de Chicago, faz uma analogia: "A precisão (do ajuste-fino) é como se uma pessoa lançasse um dardo através do universo inteiro e

---

[3] Richard Dawkins. *Deus, um delírio*. Editora: Companhia das Letras, 2007, p. 196.

acertasse na mosca em um alvo de um milímetro de diâmetro colocado no outro lado do universo".

Depois de considerar a enorme precisão das constantes físicas na criação do universo, o professor John Wheeler tira uma conclusão: "Para mim, deve haver no fundo de tudo, não uma equação totalmente simples, mas uma ideia totalmente simples. E essa ideia, quando nós finalmente a descobrimos, é tão inevitável, tão bela, que diríamos uns para os outros: Como poderia ter sido de outro modo?".

O ajuste-fino, com sua precisão tão apertada, parece estar indicando que o mundo que aí está não é um produto do acaso. Ele seria projetado por um ser muito poderoso e muito inteligente, que teria alguma intenção em sua criação.

Podemos aqui fazer uma analogia muito simples, mas esclarecedora. No jogo de boliche, o jogador sempre procura provocar um estraique (strike, em inglês), aquela jogada que derruba todos os pinos de uma só vez. Mas, para isto, ele tem de lançar a bola com precisão, de tal modo que ela atinja os pinos em um ângulo correto. Se a bola se desviar um pouco à direita ou um pouco à esquerda, o estraique não é obtido.

De um modo análogo, Deus ao lançar a bola da criação do mundo e da vida, lançou-a com extrema precisão – com ajuste-fino – como que para provocar um estraique. O que seria esse estraique? Seria a criação do ser humano, "feito a sua imagem e semelhança". Se a bola tivesse se desviado um micronésimo à direita ou um micronésimo à esquerda, o estraique divino não seria obtido. E nós não estaríamos aqui vivendo nossa história.

O universo, portanto, não é "caos" nem resultado do acaso, mas se mostra cada vez mais claramente como uma complexidade ordenada. Se, por um lado, a ciência não consegue explicar os primeiros momentos do universo e da vida, por outro lado já possui uma vasta gama de dados que revelam uma ordem extraordinária que o simples acaso não seria capaz de construir. Torna-se necessário ver, na origem ordenada do universo e em sua evolução até o ser humano, a ação de um ser inteligente.

Esses argumentos mais atuais sobre a existência de Deus, somados às vias apresentadas por santo Tomás de Aquino, ajudam-nos a permanecer em nossa crença que de fato Deus existe. Não são provas científicas, contundentes e decisivas, mas são argumentos racionais que reforçam a coerência de nossa fé.

9 | A ESSÊNCIA DO CRISTIANISMO

Vimos acima sobre a Santíssima Trindade que o Filho é o autoconhecimento do Pai, é a ideia perfeita que o Pai tem de si mesmo, ideia que se personifica. Mas, toda ideia gera uma palavra. Se eu tenho, por exemplo, a ideia de livro, imediatamente, forma-se em meu intelecto a palavra "livro", que exprime exata e fielmente minha ideia. E a palavra, por sua vez, é o meio de comunicação. Se eu quero comunicar minha ideia aos outros, devo pronunciar a palavra que a exprime. Do contrário, minha ideia ficaria somente comigo, sem ser comunicada.

Deus Pai quis nos comunicar sua ideia, seu pensamento. De que modo? Pela Palavra. E Deus Pai pronunciou a Palavra. São João inicia seu Evangelho dizendo: "No princípio era a Palavra (*Verbum* em latim, *Logos* em grego) e a Palavra estava em Deus e a Palavra era Deus" (Jo 1,1). E mais adiante continua: "E a Palavra se fez carne e habitou entre nós" (Jo 1,14).

Jesus Cristo é a Palavra pronunciada pelo Pai, Palavra que revela com exatidão o pensamento do Pai. Por isso, Ele é verdadeiro Deus. Mas, é também verdadeiro homem. Então, dizem os teólogos, em Cristo existem duas naturezas: a divina e a humana. Duas naturezas subsistentes em uma só Pessoa. Diferente daquilo que vimos sobre a Santíssima Trindade, na qual subsistem três Pessoas em uma só natureza.

A essência do cristianismo logicamente está fundada em Jesus Cristo. Ele é a Palavra, o Filho de Deus que se encarnou. Jamais conseguiremos compreender totalmente este mistério: Deus se fez humano na Pessoa de Jesus Cristo. Isso continuará sendo sempre um permanente desafio para a limitada mente humana. Deus se fez carne como um de nós, Ele assumiu a natureza humana com todas as consequências daí advindas. E é interessante o modo como Deus entrou em nosso mundo. Ele se fez criança desamparada e impotente. Deus entrou na história humana pela porta do fundo. Ele poderia ter chegado pela frente, isto é, com poder e majestade, nascendo em uma casa maravilhosa, em um palácio esplêndido e ser colocado em um berço de ouro. Mas não: Ele apareceu em Jesus não como o Deus Todo-poderoso e temível, mas como pessoa vulnerável, como alguém que se envolve a fundo em uma missão especial e que, por fim, acaba sofrendo uma morte cruel na cruz. Deus entrou na história da humanidade para valer, assumiu a existência humana até a morte, e morte violenta na cruz.

Foi o Filho que se encarnou na pessoa humana de Jesus. Mas, e o Pai e o Espírito Santo, ficaram de fora observando? Vimos acima que a Trindade nunca se desfaz, não é possível separar qualquer uma das três Pessoas; onde está uma, estão também as outras duas. Então, se o Filho se encarnou na pessoa de Jesus Cristo, o Pai e o Espírito Santo também "desceram" até a pessoa dele. A Santíssima Trindade entrou na história da humanidade através da pessoa de Jesus Cristo.

Aí está a essência do cristianismo. Jesus é verdadeiro Deus e verdadeiro homem, é uma única pessoa com duas naturezas, completas, únicas e inseparáveis. Em sua pessoa, portanto, une-se estreitamente o divino com o humano. Nenhuma outra religião tem seu Deus tão perto de nós como a religião cristã.

Esse é o dogma fundamental do cristianismo. Dogma que pode ser atingido somente pela fé. A ciência nada pode dizer sobre a encarnação da Palavra de Deus em Jesus Cristo.

No Antigo Testamento, não existe nenhuma declaração explícita de que o próprio Deus viria a este mundo em pessoa. Mas, no Novo Testamento se afirma com toda a clareza que isto de fato aconteceu. A grande novidade anunciada no

9 | A ESSÊNCIA DO CRISTIANISMO

Evangelho foi que o Senhor de Israel apareceu neste mundo como o Filho do Homem, isto é, como humano. O Criador, aquele através do qual, pelo qual e para o qual todas as coisas foram feitas, entrou em sua própria criação e se transformou em um de nós – Emanuel, Deus conosco.

O teólogo C. Baxter Kruger afirma que Jesus sacudiu o mundo. Sua presença foi grande demais, espantosa demais, maravilhosa demais para ser compreendida, mas precisava ser revelada. Sua vida envolveu o cosmo inteiro e cada ser humano nele. E o mais importante de tudo: sua presença envolveu Deus.

Jesus Cristo é a Palavra de Deus. E quando meditamos suas palavras no Evangelho, Deus se revela a nós como Ele é e como se coloca em relação a nós. Algumas vezes não compreendemos suas palavras, parecem estranhas. Mas, apesar de tudo, conseguimos ter a intuição de Deus. Nas palavras de Jesus podemos entrever Deus. Não é possível contemplar Deus diretamente, Ele sempre se subtrairá a nós. Mas a imagem dele resplandece na pessoa e nas palavras de Jesus.

Cristão é aquele que segue Jesus Cristo, não só na teoria mas também na prática. Mas qual é o Cristo que tomamos como fundamento de nossa fé e de nossa existência? Essa pergunta tem sentido, pois já existiram e ainda existem muitas imagens do Cristo, que podem levar a uma visão distorcida ou mesmo a uma falsificação do que é a essência do cristianismo. Por isso, é muito importante ler e estudar a Bíblia, a fim de encontrar o verdadeiro Jesus. Mas nunca conseguiremos ter uma visão completa e perfeita dele. Sempre faltará alguma coisa. Anselm Grün faz uma observação:

> Perceberemos que cada Evangelho nos projeta uma imagem diferente de Cristo. Isso significa que não poderemos determinar Jesus. Ele está e continuará aberto para muitas imagens, e é isso que faz com que o cristianismo seja uma religião aberta. Sua característica está no fato de uma busca constante pela personalidade desse Jesus e pelo que Ele significa para nós hoje, o que Ele ensinou,

> como Ele viveu e como Ele entendeu e enunciou Deus. Para nós cristãos, também, a verdadeira meta de nossa vida é Deus. Mas, para nós, o caminho permanente que nos leva a Deus é Jesus Cristo, pois nele Deus se fez homem. É Ele que nos anuncia a verdadeira imagem divina e que continua a nos libertar das projeções que, constantemente, nós fazemos de Deus e que a este ligamos.[1]

Jesus experimentou o sofrimento humano no próprio corpo. Podemos dizer que Deus, a Santíssima Trindade, tornou-se capaz de sofrer. É o que diz Grün: "O fato de o próprio Deus *estar sofrendo* em Jesus é uma visão revolucionária de Deus que nos distingue das imagens que outras religiões fazem dele. Ele não é aquele Deus inacessível e distante, incapaz de sofrimento... Tornou-se, antes, um ser humano que passou por todos os sofrimentos da humanidade".[2] Os cristãos estão com Deus em seu sofrimento e é isso que os diferencia dos praticantes de outras religiões.

Deus desceu até nós, na pessoa de Jesus, e nos deu a possibilidade de nos tornarmos seus filhos e suas filhas. Em Jesus, somos envolvidos na vida divina através da oração, da meditação, da escuta da Palavra, da participação dos sacramentos. Ser uma pessoa de fé cristã significa continuar perguntando sempre o que Jesus Cristo é para nós e como lidamos com os problemas básicos da vida: com o trabalho, os sofrimentos, os pecados, o amor, o prazer, as doenças e a morte. Pertence à natureza de nossa fé nos ocuparmos com Jesus, de meditarmos sobre suas palavras e de deixar que estas nos orientem.

Existiram muitos cristãos que viveram uma ligação pessoal muito estreita com Jesus e que são exemplos para nós. Um deles foi são Francisco de Assis, que abriu seu coração para Jesus e levou a vida intimamente unida a Ele, de tal modo que os outros viam em Francisco um segundo Cristo.

---

[1] Anselm Grün. *A fé dos cristãos*. Editora Vozes, 2009, p. 22.

[2] *Ibidem*, p. 43.

Morte e ressurreição de Jesus

A morte e a ressurreição de Jesus são a fonte perene da fé cristã. São acontecimentos que se localizam dentro da história da humanidade, que foram atestados por muitas testemunhas. Por isso, pode-se dizer que são dados que pertencem ao domínio da ciência, na medida em que podem ser verificados.

São Paulo salienta com muita força a grande importância que a fé na ressurreição de Cristo tem para o cristão. Diz ele na primeira carta aos Coríntios: "Se Cristo não ressuscitou, vazia é nossa pregação, vazia também é vossa fé. E nós aparecemos ainda como falsas testemunhas de Deus, porque contra Deus afirmamos que Ele ressuscitou a Cristo, quando de fato não ressuscitou, se é que os mortos não ressuscitam" (1Cor 15,14-15).

A fé cristã só permanece em pé se Cristo realmente ressuscitou dos mortos. Caso contrário, ela estará morta, e Jesus Cristo seria uma personalidade religiosa falida. O papa Bento XVI diz: "Somente se Jesus ressuscitou aconteceu algo de verdadeiramente novo, que muda o mundo e a situação do homem. Então Ele, Jesus, torna-se o critério no qual podemos fiar-nos; porque então Deus manifestou-se verdadeiramente". [3]

É muito importante ter em mente que a ressurreição de Cristo não foi igual a de Lázaro que ressuscitou, em seguida viveu mais algum tempo e, por fim, morreu definitivamente. Se Cristo voltasse a morrer novamente, sua ressurreição não teria nenhum significado para nossa fé cristã. Mas Ele ressuscitou e adquiriu um modo de vida diferente. Seu corpo foi transformado em uma nova realidade, Ele se transfigurou, saiu do sepulcro para uma vida diversa, uma vida nova; saiu para a vastidão de Deus e foi com seu corpo glorificado e transfigurado que se manifestou a seus discípulos.

---

[3] Papa Bento XVI. *Jesus de Nazaré*: da entrada em Jerusalém até a Ressurreição. Editora Planeta, 2011, p. 218.

Jesus Cristo não só ressuscitou como também deixou-nos a Boa-Nova de nossa própria ressurreição. Após a morte iremos passar para a glória de Deus. Seremos aguardados por Jesus Cristo, que disse ao ladrão crucificado a sua direita aquelas palavras consoladoras: "Em verdade eu te digo, hoje estarás comigo no Paraíso" (Lc 23,43). Nós seremos acolhidos na glória de Deus com corpo e alma, não importa que esse corpo antes tenha que passar pela decomposição.

Anselm Grün encontra outro significado na ressurreição de Jesus: a promessa de que não existe nada em nossa vida que nos possa separar de Deus. "Não há insucesso que não deságue em um novo começo, não há escuridão que não seja iluminada para nós, não há desespero que não seja transformado em nova confiança nem enrijecimento que não seja quebrado para dar início a uma nova vitalidade. Morte e ressurreição nos mostram, explicitamente, que Deus vai modificar tudo em nós e que vai insuflar nova vida até naquilo que já estiver morto em nós."[4]

Desse mistério da morte e ressurreição de Jesus, o apóstolo Paulo tirou a seguinte conclusão: "Pois estou convencido que nem a morte nem a vida, nem os anjos nem os principados, nem o presente nem o futuro, nem os poderes nem a altura, nem a profundeza nem qualquer outra criatura poderá nos separar do amor de Deus manifestado em Cristo Jesus, nosso Senhor" (Rm 8,38-39).

A Cruz

Paulo dá também grande importância à cruz, como se pode deduzir de sua primeira carta ao Coríntios: "Os judeus pedem sinais e os gregos andam em busca de sabedoria; nós, porém, anunciamos Cristo crucificado, que para os judeus é escândalo, para os gentios é loucura..." (1Cor 1,22-24). Nem

---

[4] Anselm Grün, *op. cit.*, p. 57.

9 | A ESSÊNCIA DO CRISTIANISMO

todos gostam dessa posição tomada por Paulo, pois a cruz é algo que incomoda. Porém, a cruz foi e é o sinal distintivo do cristão. Ela testemunha que Deus foi capaz de sofrer, de passar pela Paixão. A cruz nos lembra constantemente de que Deus sofreu por nós todos; nos lembra de que Ele nos procurou e nos encontrou em um lugar onde o sofrimento é brutal. Deus é assim: Ele se identifica com a humanidade chegando até o fundo do abismo humano, até o fundo do poço; foi lá que Ele buscou nossa salvação. Por isso, a cruz também nos ensina como vencer o sofrimento, a desesperança, o fracasso. Quem sofre vê que o Filho de Deus experimentou o sofrimento no próprio corpo. Se Ele passou por isso, significa que nós também vamos ter que passar pelo sofrimento.

A cruz nos revela o amor de Deus, seu amor elevado ao infinito, amor que não impõe condições, amor que nos aceita com todos os nossos defeitos e fragilidades. A cruz nos diz que é justamente nos momentos de dor e de sofrimento que acontece nosso encontro com Deus. No ponto em que nossa vida é atingida por uma doença ou por um fracasso ou por um pecado, nesse ponto é que ficamos mais conscientes de Deus. E justamente nesses momentos em que um sofrimento atrapalha o bem-estar psíquico e físico é que somos colocados à prova para fazer uma escolha: rebelar contra Deus ou render-se a seu amor incondicional.

O sofrimento do Filho de Deus feito homem nos revela a dimensão do amor de Deus: um amor sem limites. A paixão e a cruz de Jesus foram a prova suprema desse amor. A tal ponto que João Paulo II, no livro *Cruzando o Limiar da Esperança*, afirmou que "sem aquela paixão, a verdade de que Deus é amor ficaria suspensa no ar".

Jesus deixou o mandamento do amor e só consegue colocá-lo em prática quem vive uma relação profunda com Deus. O mandamento do amor não é uma ordem. É, antes, um dom que Deus nos faz experimentar. Se o amor de Deus criar raízes profundas em uma pessoa, ela é capaz de amar até mesmo quem não merece, assim como Deus faz conosco. Os pais não amam os filhos somente quando eles merecem: ama-os sempre, mesmo quando estão errados. O amor verdadeiro quer sempre e somente o bem e nunca o mal.

Para o verdadeiro cristão, a cruz de Jesus pode significar consolo e amparo e, ao mesmo tempo, ser a chave para uma vida realizada. E na hora da morte será acolhido amorosamente pelos braços abertos de Jesus na cruz.

Amor a Deus e amor ao próximo são inseparáveis. Ninguém pode afirmar que ama a Deus sem amar ao próximo ou vice-versa. Jesus não inventou dois tipos de amor, mas revelou que esses são, no fundo, um único mandamento. E demonstrou isso não apenas com palavras, mas, sobretudo, com seu testemunho: a própria pessoa de Jesus e todo o seu mistério encarnam a unidade do amor a Deus e ao próximo. Na cruz, Jesus confirma uma rejeição radical a toda forma de ódio e violência. Portanto, qualquer forma de violência cometida em nome de Deus é um procedimento totalmente anticristão.

Deus nos ama sem impor condições, não importa o que façamos. Ele nos ama da mesma maneira e jamais volta atrás. Ele é fiel, é irremediavelmente apaixonado por cada um de nós, mesmo quando pecamos contra Ele. Em seu amor incondicional, Deus não condena, não manda ninguém para o inferno. Quem chega lá é porque escolheu e percorreu o caminho que para lá conduz. Deus tem um respeito absoluto pela liberdade de cada um. Ele dá a liberdade e não a tira nunca, mesmo quando o ofendemos e renegamos. A relação dele conosco é sempre de alteridade amorosa, incondicional dele para nós. Mas de nós para Ele, não. Podemos, usando de nossa liberdade, dar as costas a Deus.

9 | A ESSÊNCIA DO CRISTIANISMO

Maria

E a Palavra se fez carne e habitou entre nós. A Palavra (Deus Filho), que exprime com exatidão o pensamento do Pai, manifestou-se aos seres humanos. Deus, sendo onipotente, poderia se manifestar de muitas maneiras, mas escolheu uma: através de uma mulher, Maria.

Jesus nasceu de Maria. Mas tem duas naturezas: a divina e a humana em sua única pessoa. Então, podemos dizer que Ele herdou dois DNAs. Por parte de pai, tem o DNA de Deus, através da ação do Espírito Santo; por parte da mãe, tem o DNA de Maria. É por isso que Maria é tão importante para Jesus, para a Igreja e para os cristãos. Ela tomou parte na formação da natureza humana de Jesus.

Os católicos têm, desde o início da cristandade, grande amor e devoção a Maria. Mas, a partir da divisão introduzida por Lutero, houve uma grande discordância entre protestantes e católicos. Os protestantes rejeitaram a veneração a Maria e até hoje a ignoram e não a colocam em seus cultos. De vez em quando, ouço na televisão ou no rádio a pregação de este ou daquele pastor. Todos eles têm a mesma característica no modo de pregar: escolhem um texto da Bíblia e discorrem sobre ele. No entanto, nunca ouvi um pastor comentar o texto do *Magnificat*. Lá está bem claro o que Maria disse: "Todas as gerações me chamarão de bem-aventurada" (Lc 1,48). O que nossos irmãos separados comentam sobre esse texto? Nada. O silêncio é total. Entre os assim denominados "evangélicos", principalmente, o preconceito contra Maria é muito grande e parece insuperável.

Certa vez estávamos minha mulher Joseana e eu em uma fazenda. À tarde, apareceu lá uma ministra de uma seita cristã que presidiu um culto com os moradores da fazenda. Fizemos questão de acompanhar o culto. No meio da liturgia, a ministra leu um texto, justamente aquele que aparentemente

Jesus não dá importância a sua mãe. Talvez a ministra tenha escolhido deliberadamente o texto ao perceber que estavam presentes alguns católicos. O texto diz que, durante a pregação de Jesus aos discípulos, alguém avisou que sua mãe e seus irmãos estavam fora e queriam falar-lhe. Jesus respondeu: "Quem é minha mãe e quem são meus irmãos? E apontando para os discípulos com a mão, disse: Aqui estão a minha mãe e meus irmãos, porque aquele que fizer a vontade de meu Pai que está nos céus esse é meu irmão, irmã e mãe" (Mt 12,46-50). A ministra comentou que Jesus deixou sua mãe do lado de fora, dando a entender que Maria não é importante para Jesus nem para nossa salvação nem para nossa vida de cristãos. Então pensei comigo mesmo: aos pés da cruz aconteceu o contrário; lá estava Maria e o discípulo João. Os outros tinham fugido de medo.

No entanto, faz algum tempo que surgiu um movimento, embora tímido, na direção de alterar o modo de pensar dos protestantes a respeito de Maria. Na década de 1980, um grupo de luteranos da Alemanha publicou um documento na revista *Spiritus Domini*, em que expõem sua admiração e interesse pelas aparições da Virgem Maria, principalmente em Lourdes. Depois de considerar a seriedade da Igreja católica ao aprovar a legitimidade das aparições e de alguns milagres acontecidos em Lourdes, o documento diz o seguinte:

> Qual é, pois, o sentido profundo desses milagres no plano de Deus? Bem parece que Deus quer dar uma resposta irrefutável à incredulidade de nossos dias. Como poderá um incrédulo continuar a viver de boa-fé em sua incredulidade diante de tais fatos? E também nós, cristãos evangélicos, podemos ainda, em virtude de preconceitos, passar ao lado desses fatos sem nos aplicarmos a um atento exame?
>
> Somente Deus pode permitir que Maria se dirija ao mundo através de aparições. Não nos arriscamos, talvez, a cometer um erro fatal, fechando os olhos diante dessas realidades e não lhes dando atenção alguma?

9 | A ESSÊNCIA DO CRISTIANISMO

> Em seu *Magnificat*, Maria declara que todas as gerações a proclamarão bem-aventurada até o fim dos tempos. Todos nós verificamos que esta profecia se cumpre na Igreja católica e, nestes tempos dolorosos, com intensidade, sem precedentes. Na Igreja evangélica, essa profecia caiu em tão grande esquecimento que dificilmente se encontra algum vestígio dela.[5]

Maria foi agraciada por Deus, ela transborda da Graça Divina (Lc 1,28), é a escolhida e merece todo o nosso amor, toda a nossa veneração. O Evangelho de São Lucas confirma esse dogma da maternidade divina de Maria: Isabel a saudou com estas palavras: "Bendita és tu entre as mulheres e bendito é o fruto do teu ventre. Donde me vem esta honra de vir a mim a mãe de meu Senhor?" (Lc 1,42-43). Senhor, aqui, significa Deus, segundo a interpretação dos teólogos.

---

[5] Manifesto de Dresden, publicado na Revista *Spiritus Domini*, n. 5, maio de 1982.

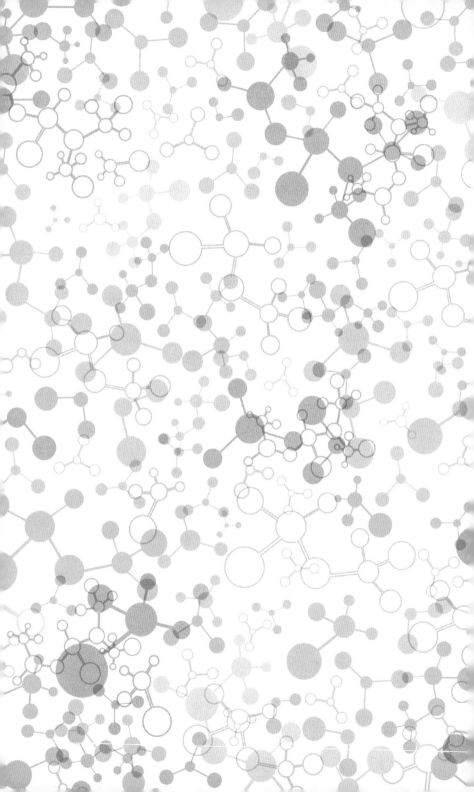

10 | A LEI DE CRISTO VERSUS A LEI DO MAIS FORTE

Em seu livro *Fé, Verdade e Tolerância* o papa Bento XVI afirma:

> Uma ética evolutiva que inevitavelmente toma como seu conceito fundamental o modelo de seletividade, quer dizer, a luta pela sobrevivência, a vitória do mais forte, a adaptação bem-sucedida, tem pouco conforto para oferecer.

O darwinismo materialista está baseado na lei da seleção natural: quando aparece em algum ser vivo uma mutação vantajosa, seus descendentes que nascem com essa vantagem são mais aptos para sobreviver e sobrepõem-se aos demais, que tendem a desaparecer do mapa da vida. Sobre essa teoria da predominância do mais apto ou do mais forte, o papa faz uma ressalva: "Mesmo quando as pessoas tentam de vários modos tornar essa ideia (do darwinismo) mais atraente, permanece no final das contas uma ética sanguinária... Isso não traz nenhuma ajuda no sentido de se ter uma ética de paz universal, de amor prático ao próximo e da superação necessária de si mesmo, que é o de que nós precisamos".

O biólogo Francis Galton, primo de Charles Darwin e seguidor de sua teoria da evolução por seleção natural, propôs que a sociedade, através da aplicação de métodos científicos, fizesse "com previdência, rapidez e benevolência, aquilo que a natureza faz cega, lenta e impiedosamente". Ele pretendia estender ao homem as leis do reino animal. Propunha que a sociedade devia livrar-se da debilidade física e mental. Para alcançar esse objetivo, seria necessário criar um "sentimento de casta entre os naturalmente talentosos". Os governos, então, teriam de agir do seguinte modo: fazer um registro geral das famílias de homens mais saudáveis física e mentalmente; fazer com que os filhos se casassem dentro das famílias saudáveis para garantir a continuação dos mais talentosos; incentivar as famílias mais dotadas para se reproduzirem mais. Assim, o tronco familiar nacional seria melhorado.

Ao ler essas ideias de seu primo sobre o "aprimoramento genético humano", Darwin deu um suspiro dolorido. Imediatamente, percebeu que sua família deveria ficar fora da lista da seleção dos mais aptos, pois ele e seus filhos sofriam de uma doença hereditária.

Mas, como pôr em prática a ideia de Galton? Darwin queria saber se haveria possibilidade, na prática, de criar tais super-homens raciais. Somente o filho mais dotado de cada "grande família superior" seria o melhor reprodutor, do mesmo modo como o pombo preferido na reprodução dirigida do pombal.

O prêmio Nobel de medicina de 1960, MacFarlane, chegou mesmo a defender a tese de que os progressos da medicina são de certo modo prejudiciais à raça humana, pois permitem e incentivam a sobrevivência dos fracos e doentes e impedem que a natureza selecione os mais fortes. Ele acusa o espírito democrático de dificultar a eliminação dos inferiores. E conclui que essa repressão da função de triagem própria da seleção natural pode levar a um acúmulo de indivíduos que podemos chamar inferiores, de acordo com as normas correntes relativas à saúde, inteligência e agressividade.

Outra consequência do princípio da dominância do mais forte é a *eugenia*, palavra cunhada pelo próprio Galton para significar a ciência que estuda as condições mais propícias para o melhoramento da raça humana. Essa ideia foi bastante difundida no início do século XX. Principalmente na Europa e nos Estados Unidos, a eugenia foi invocada para esterilizar milhares de pessoas loucas, doentes ou indigentes. Ao todo foram mais de 300 mil esterilizações na Alemanha e nos Estados Unidos, entre 1927 e 1972, segundo dados da Fundação F. Engels.

Um tal de Adolph Hitler ouviu falar, mais tarde, da ideia da predominância do mais forte pregada pela teoria darwiniana e do aprimoramento das raças sugerida por Galton e, influenciado por essas ideias, fez sua própria história. Sua demente aventura de tornar o povo alemão o mais forte e o dominador de todos os outros (Deutchland über Alles) culminou na sanguinária Segunda Guerra Mundial, uma das atrocidades mais repugnantes de toda a história da humanidade. Aproximadamente seis milhões de judeus foram exterminados; os homossexuais e os inválidos foram perseguidos e muitos deles eliminados. Lembro-me de uma cena horripilante do filme *O Violinista*, de Spielberg. Os nazistas invadiram um prédio e encontraram na sacada do segundo andar um idoso em uma cadeira de rodas. Os soldados levantaram a cadeira com o idoso por sobre a grade de proteção e simplesmente a precipitaram para baixo.

A história do século XX mostra que as ideias baseadas no evolucionismo ideológico, tais como o nazismo, a eugenia, o comunismo, o darwinismo social, causaram os piores e mais desastrados comportamentos humanos. As pseudociências, que não levam em consideração a religião e a fé, são fatais para a humanidade. Parece que o papa tem razão em dizer que "a luta pela sobrevivência, a vitória do mais forte, a adaptação bem-sucedida têm pouco conforto para oferecer".

A lei do mais forte e da eugenia são diametralmente opostas à lei de Cristo. No Novo Testamento, há muitas passagens que enaltecem e dão preferências para os mais fracos, os pobres, os humilhados pela sociedade. Isso está bem claro na proclamação das bem-aventuranças (Mt 5,1-12). Cristo resumiu os dez mandamentos em apenas dois: Amar a Deus sobre todas as coisas e ao próximo como a si mesmo. Com isto, Ele excomungou a lei do mais forte proclamada pelo darwinismo materialista.

A humanidade, depois de enveredar por caminhos tortuosos que levaram a finais não muito felizes, por fim rejeitou a lei do mais forte e da eugenia, proclamando a Declaração Universal dos Direitos Humanos, em que afirma e professa claramente que todos os seres humanos são iguais e têm os mesmos direitos: *Todos os seres humanos nascem livres e iguais em dignidade e em direitos. Dotados de razão e de consciência, devem agir uns para com os outros em espírito de fraternidade.*

11 | O PROBLEMA DO MAL

A fé nem sempre segue por um caminho fácil e desimpedido. Existem pedras no caminho nas quais o crente pode tropeçar. Uma delas, talvez a maior, é o mal que existe no mundo e que frequentemente nos atinge.

O problema do mal foi e continua sendo a grande indagação do homem. Quem é que não se comove diante de criaturas inocentes transformadas em vítimas da fome, da miséria, das doenças, da violência, das guerras, dos desastres naturais! O mal é um mistério que sempre desafiou a humanidade. É um problema angustiante para todos, principalmente para os que creem em Deus. Muitas pessoas não o aceitam, porque não o entendem.

Existe um antigo dilema que é atribuído ao filósofo grego Epicuro, que diz o seguinte: "Ou Deus pode, mas não quer evitar o mal e, portanto, não é bom; ou quer, mas não pode e, portanto, não é onipotente; ou nem pode nem quer e, portanto, não é Deus". A teologia cristã responde a isto com o seguinte ensinamento: *O sofrimento decorre do mal, mas o mal não decorre de Deus. A criatura é finita, e sendo finita é imperfeita. Para ser totalmente perfeita, a criatura teria de ser igual a seu Criador, que é a perfeição infinita. O criado é sempre imperfeito.*

A criação é um gesto de partilha, de comunhão, de amor do Criador por suas criaturas. O teólogo frei Betto diz que, "na teologia cristã, o sofrimento não é um acidente que Deus queira, mas resultado da realidade finita criada por um ser infinito... Em nossa liberdade podemos recusar o bem e até dar as costas a Deus, embora Deus jamais deixe de nos amar. Essa realidade finita será resgatada no infinito".[1] O mal e o sofrimento não duram para sempre, serão vencidos. A garantia disso é a ressurreição de Jesus. Ali a fé nos assegura que todo pecado será redimido e todo mal vencido.

Na história da filosofia e da teologia, surgiram algumas teorias que tentaram explicar a presença do mal no mundo, mas que ao mesmo tempo trouxeram mais dúvidas e interrogações. A solução *dualista* admite dois princípios independentes em conflito: uma divindade boa da qual procede o bem, e uma divindade má da qual procede o mal. A Igreja católica nunca aceitou a existência dessas duas divindades opostas. Santo Agostinho já dizia que o mal não existe em si mesmo, não é uma divindade, não tem sua origem em Deus, mas faz parte da criatura humana, essencialmente incompleta e defeituosa. Dizem que o ser humano é duplamente limitado: tem defeito de fabricação e prazo de validade.

Mas, por mais que nos esforcemos para entender o mal no mundo, ele sempre continua sendo um mistério, um problema inescrutável porque Deus é inescrutável. Segundo Santo Agostinho, Deus, por ser o supremo bem, de modo algum permitiria que houvesse algum tipo de mal em suas obras, a não ser que, por ser onipotente e bom, do mal retira um bem. Isso pertence à infinita bondade de Deus que pode permitir o mal para dele retirar um bem. Deus Pai permitiu que seu Filho morresse na cruz, para que daí resultasse o maior de todos os bens para a humanidade.

O papa Bento XVI chama a atenção sobre uma ideia errada a respeito do problema do mal que apareceu na segunda metade do século XX: "Desde a década de 1970 desenvolveu-se a tese – que penetrou também na teoria moral católica – de que não existe algo de mal em si. Existiria apenas um mal

---

[1] Cf. Waldemar Falcão, *op. cit.*, p. 276.

11 | O PROBLEMA DO MAL

relativo. O que é bem ou mal dependeria das consequências. Bem e mal tornaram-se intercambiáveis e não se encontram mais claramente em oposição um ou a outro".[2] Essa ideia não é aceitável dentro dos ensinamentos da teologia católica.

O problema do mal tem grande apelo popular. Por isso, é motivo de escândalo para a fé de muita gente. Cada pessoa pode ter comportamento diferente diante do mal: de revolta ou de aceitação humilde.

Vamos dar aqui dois exemplos opostos. O grande cientista Charles Darwin foi educado na religião cristã e quase chegou a ser sacerdote da Igreja anglicana. Era um cristão fervoroso. No início de sua famosa viagem pelo mundo a bordo do navio Beagle, ele invocava frequentemente a Bíblia fazendo citações dela para os tripulantes. Mais tarde, depois da longa viagem e de um casamento com muitos filhos, passou por um grande sofrimento quando sua filha predileta Annie, de 10 anos, morreu de uma doença desconhecida e incurável. Ele não conseguiu absorver o golpe e começou a duvidar da bondade divina. Disse que não acreditava mais nos ensinamentos dos Evangelhos e deixou de frequentar a igreja.

Outro cientista famoso, Francis S. Collins, por muitos anos diretor do Projeto Genoma que desvendou o genoma humano, foi criado em uma família que não praticava a religião – embora ele e seus irmãos frequentassem o coral da igreja, mas com uma recomendação expressa dos pais de "aprender música e não prestar muita atenção nos sermões do pastor". Ainda jovem, ficou fascinado pelas ciências naturais, às quais se dedicou com afinco. Mais tarde formou-se em medicina. Tornou-se agnóstico e, depois, abertamente ateu. Um dia recebeu um choque violento. Ele mesmo conta:

---
[2] Papa Bento XVI. *Luz do Mundo – o papa, a Igreja e os sinais dos tempos*. Editora Paulinas, 2011, p. 57.

> Conheci uma estudante universitária que estava morando sozinha durante as férias de verão enquanto fazia uma pesquisa médica para se preparar para sua carreira na medicina. Despertada na escuridão da noite, descobriu que um estranho invadira seu apartamento. Pressionando uma faca contra a garganta dela, ele ignorou-lhe as súplicas, colocou-lhe uma venda nos olhos e a possuiu à força. Esse homem a deixou arrasada, revivendo a experiência inúmeras vezes durante anos. Jamais foi apanhado.[3]

Collins concluiu: "Essa jovem era minha filha". Ele questiona: "Por que Ele (Deus) não atingiu o criminoso com um relâmpago ou, pelo menos, com um sentimento súbito de dor na consciência? Por que Deus não colocou um campo de força ao redor de minha filha para protegê-la?"

No entanto, apesar da dor intensa de um pai nessa situação, Collins não se revoltou contra Deus. Mais tarde, ele deixou o ateísmo e se tornou um cristão convicto. Escreveu o livro "A Linguagem de Deus – um cientista apresenta evidências de que Ele existe", em que conta suas experiências no campo da ciência e da fé. Ao atender os doentes nos hospitais, Collins se admirava da fé das pessoas, fé que lhes proporcionava uma força extraordinária mesmo diante dos piores sofrimentos. Foi então que ele começou a pensar: "Por que eu não aplico na questão da religião o mesmo método que uso nas pesquisas científicas?" De fato, ele se negava a examinar as possibilidades de uma vida vivida na fé e na religião. E chegou à conclusão que essa era uma atitude indigna de um verdadeiro cientista.

Por causa dessa sua atitude, Collins recebeu críticas de seus colegas cientistas. Ele reagia dizendo: "Ignorância, superstição e falta de bom senso é negar a existência de Deus a priori, sem pensar de forma séria e metódica sobre o assunto. Nada é mais anticientífico do que ser ateu". Hoje, Collins é

---

[3] Francis S. Collins, *op. cit.*, p. 52.

considerado um cientista religioso que defende a existência de Deus e a importância da ciência para a humanidade. Ele se debruçou sobre questões de caráter científico e espiritual e afirmou que "a ciência não deve se sentir ameaçada por Deus, mas sim reforçada. E Deus certamente não está ameaçado pela ciência, foi ele quem tornou tudo isso possível". Afirmou também que há uma base racional para crer na existência de um Criador e que todas as descobertas científicas aproximam o homem de Deus. E, por isso, acredita que uma das grandes tragédias de nosso tempo é a impressão que se criou de que ciência e religião devem estar em guerra. Partindo de sua experiência, Collins afirmou que decifrar o genoma humano não criou um conflito em sua mente, mas lhe permitiu verificar os trabalhos de Deus.

Temos aí atitudes opostas de dois famosos cientistas diante do mal: um que se revolta diante do sofrimento e se arvora a juiz do próprio Deus; outro que aceita o sofrimento sem se revoltar e fica em uma atitude de humildade diante de Deus.

Muitas vezes, não conseguimos entender o motivo pelo qual Deus deixa o mal acontecer, sem intervir. Aliás, Ele nem sequer impede que alguém grite diante do sofrimento, como Jesus na cruz. Jesus não quis desafiar Deus nem insinuar que Ele estava errado ou indiferente. Para quem crê não é possível pensar que Deus seja impotente ou então que "esteja dormindo". Muitas vezes, nosso grito diante do mal é a maneira mais extrema e mais profunda de afirmar nossa fé em Deus e em seu amor por nós. Diante do mal é necessário agir com humildade, aceitando o mistério e confiando em Deus, que entregou seu Filho para nos salvar do supremo mal: o pecado. Isso prova que Deus é amor, mesmo quando o mal nos atinge. Diante do mal que nos aflige, o ato de fé do cristão deve ser: apesar de tudo, eu creio que Deus me ama com um amor incondicional.

O mal também tem uma função purificadora. Quem sofre pode sentir na pele suas próprias limitações; pode sentir mais necessidade de afeto; pode sentir a necessidade de se apegar mais ao sobrenatural. E a percepção do próprio limite pode ajudar a superar a superficialidade.

Muitas desgraças que nos atingem são provocadas pelo homem, embora mais facilmente o homem as atribua a Deus. Em Jesus Cristo, Deus assumiu todo o fardo do sofrimento humano: a traição, o abandono, o medo, o silêncio de Deus, o sofrimento físico, a morte. E como em Jesus Cristo, Deus não nos protege de todo sofrimento, mas nos dá força em todo sofrimento, ficando conosco, mesmo quando nos parece que Ele nos abandona. Como diz são Paulo: "Pois estou convencido que nem a morte nem a vida, nem os anjos nem os poderes celestiais, nem o presente nem o futuro, nem as forças cósmicas nem a altura, nem a profundeza, nenhuma outra criatura poderá separar-nos do amor de Deus manifestado em Jesus Cristo, nosso Senhor" (Rm 8,38-39).

OS FANTASMAS DO SUBCONSCIENTE

Quem teve um pai ou padrasto mau, perverso e castigador ou viciado na bebida, daquele tipo que chega a casa bêbado, espancando a mulher e os filhos, terá dificuldade de ver Deus como um pai bondoso e amoroso. Como pode ele rezar o Pai-Nosso, se a palavra pai lhe causa tantas más lembranças?

O que, então, deve fazer uma pessoa que passou por essa experiência dolorosa? A solução é encontrar um jeito de mudar o conceito errado de pai que ele tem. Um exemplo disso temos no livro *A Cabana*, de William Paul Young, um best-seller que já vendeu mais de 3 milhões de exemplares no Brasil. O pai de Paul Young era pastor e missionário, mas um sujeito de uma severidade doentia. Desde criança Paul sofreu muitos traumas: agressão física e verbal, abandono emocional, violência sexual por várias vezes. Todo esse lixo ficou depositado em seu subconsciente, que deixou nele um resultado negativo. Tinha vergonha de si mesmo e pensava: "Eu não sou bom, não valho nada, ninguém me ama".

Com aquele "Eu não valho nada" martelando incessantemente em sua consciência, ele resolveu provar o contrário. Matriculou-se na Faculdade e formou-se como um dos primeiros da turma. Entrou na vida dos negócios, casou-se e teve filhos. Dedicou-se ao ensino da religião, procurando ser um "cara legal". Mas não conseguia se livrar das vozes do subconsciente que o acusavam e o incriminavam, apesar de todo os seus esforços para ser bom. Para complicar mais a situação, teve um caso amoroso com uma de suas amigas. Confessou o fato a Kim, sua mulher. "Eu sei", disse ela, que o perdoou.

Depois de onze anos lutando consigo mesmo, com os monstros traiçoeiros escondidos em sua consciência, ele conseguiu a liberdade. E conta no livro "A Cabana" como foi a libertação. Um fim de semana na cabana resume seus onze anos de luta.

A Cabana conta a história fictícia de Mackenzie (Mack) – mas que tem tudo a ver com Paul –, um sujeito atormentado pela dor e pela culpa. Durante um passeio com a família, sua filha caçula é sequestrada e assassinada. Tomado por uma grande dor, ele se deixa levar pela depressão, pelo desespero e vive a vida na "Grande Tristeza". Um dia ele recebe um bilhete de Deus convidando-o para encontrá-lo na cabana onde a filha tinha sido morta. E na cabana Mack se encontra com as três Pessoas da Trindade, é curado de seu desespero e de sua dor, aceita e compreende os desígnios divinos.

Como o próprio autor admite, o livro é uma ficção, é um conto muito humano que conta o mistério do fracasso, da perda, da incerteza e dos questionamentos sobre o tipo de religião que havia recebido. É como um arranhão na superfície da religião convencional e da cultura que valoriza o desempenho acima de todos os outros valores. *A Cabana* é uma aula de teologia em forma de ficção.

Segundo C. Baxter Kruger, *A Cabana* apresenta um universo em que o amor do Papai é infinito, a fé de Jesus em você é "forte como um touro" e a esperança do Espírito é maior do que o cosmos. Um universo onde você é importante e amado por Papai.[4] O fim de semana de Mackenzie na Cabana representa os anos de sofrimento de Paul Young, sua tortura emocional, depressão e momentos fugazes de esperança. Mas, por fim, a libertação.

O sucesso fabuloso do livro é um acontecimento que pode significar que casos como o de Paul são bastante comuns, e que o desejo de libertação dos fantasmas do subconsciente é muito vivo em inúmeras pessoas. Muitos tiveram pai ou padrasto, mãe ou madrasta que deixaram más ou péssimas lembranças; talvez foram educados em um regime rigoroso, que apresentava Deus como alguém muito severo e exigente, sempre pronto a repreender e a castigar. Uma educação nessas circunstâncias é capaz de carregar o subconsciente de muitas imagens perturbadoras.

Mas o livro também causou perplexidade ou até mesmo indignação, porque Paul apresenta a Santíssima Trindade de um modo totalmente diferente e original, formada por pessoas estranhas ao modo comum de pensar da maioria dos cristãos. O Pai, por exemplo, é apresentado como uma negra corpulenta, muito alegre e comunicativa, que balança os quadris enquanto canta, incrivelmente afetuosa; que abraça e beija Mack com extremo afeto e que trata dele como um pai (mãe) extremamente bondoso, sem cara feia, sem franzir a testa, sem ameaças. Talvez tenha sido esse o modo mais eficaz que Paul Young encontrou para varrer da lembrança a ideia de pai monstruoso que teve.

---
[4] Baxter Kruger. *De volta à cabana*. Editora Sextante, 2011, p. 12.

Já ouvi pessoas escandalizadas com esse modo de imaginar Deus Pai: "Deus, uma negra! Como pode?" Mas, pensando bem, não há nada de absurdo nesse ponto de vista de Paul. O fato de o Pai ser mulher não tem nada de errado, pois Deus tem todas as virtudes de homem e de mulher, Ele é Pai e Mãe. O fato de ser negra... Em Deus não existe preconceitos. Deus ama a raça negra tanto quanto ama as outras.

Talvez a leitura do livro *A Cabana* seja um bom começo para a libertação daqueles que têm problemas no subconsciente, causados por uma educação opressiva e torturante.

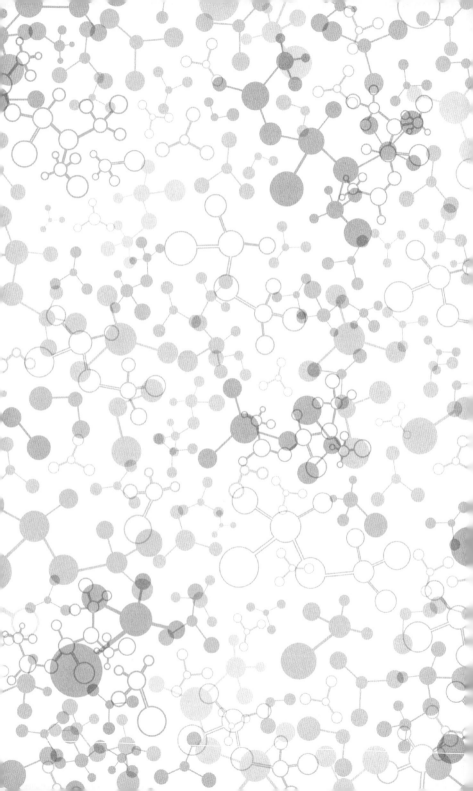

12 | DÚVIDAS NA FÉ

O mundo e as circunstâncias em que vivemos e as descobertas científicas podem trazer objeções contra a fé. Nossa crença não está necessariamente livre de qualquer dúvida. O próprio Deus nos deu a inteligência para raciocinar, para argumentar, para contestar. Quem duvida acredita, porque procura; quem não procura pode ser sinal de que não acredita. Então, podem surgir dúvidas em nossa crença e isto não nos deve causar preocupação excessiva. O arcebispo Gianfranco Agostino Gardin, Secretário da Congregação para os Institutos da Vida Consagrada, afirmou em uma conferência proferida no Capítulo Geral da Congregação do Santíssimo Redentor (2009): "Fé é um caminho árduo e difícil. O monge pode viver experiência da incredulidade, sim, a experiência do nada, do vazio. Fé natural seria fácil. Mas, dentro de mim, há o crente e o descrente... Não podemos omitir as grandes perguntas da fé. No núcleo da fé está a cruz".[1]

Quem tem dúvida em algum ponto da fé não deve se angustiar e pensar que está cometendo pecado ou que perdeu a fé. Deve se colocar humildemente diante de Deus e fazer aquela oração sugerida pelos santos: "Senhor, eu *quero* crer, aumentai minha fé". Ou fazer esta oração que é ao mesmo tempo um ato de fé e uma súplica: "Senhor Jesus, Filho de Deus, tende piedade de mim!". Eu pessoalmente, quando

---

[1] Gianfranco Agostino Gardin, em *Boletim daqui e dali*, um informativo editado pelos padres redentoristas de São Paulo, n. 0543 de 21/11/2009.

me assaltam dúvidas ou quando tenho dificuldade em compreender alguma passagem da Bíblia, tranquilizo-me pensando que Deus me ama com amor incondicional, apesar de minhas dúvidas.

Francis S. Collins diz que a dúvida é parte inevitável da crença. E cita as palavras de Paul Tillich: "A dúvida não se opõe à fé, é um elemento da fé". Se a crença em Deus se apoiasse em evidências físicas ou matemáticas, não haveria dúvidas nem diversidades na crença: o mundo estaria cheio de praticantes de uma única fé.

Achei interessante um testemunho dado pelo religioso dominicano frei Betto, no livro *Conversa Sobre a Fé e a Ciência*. Aos 20 anos, ele trancou a matrícula na faculdade e entrou no noviciado dos dominicanos em Belo Horizonte. "Foi um dos anos mais felizes de minha vida", ele contou. Mas três meses depois entrou em crise de fé. Ele comparou essa crise como um vírus no computador que faz tudo desabar. Foi o que aconteceu com sua fé. "Então mergulhei em uma crise de fé muito forte. Nunca havia passado por isso. Tinha aquela fé que minha mãe me incutiu, de catequese, do colégio religioso no qual fiquei quatro anos."

Perturbado pela crise, foi procurar seu diretor espiritual, Frei Martinho Penido Burnier, um homem instruído e prudente. O frei dispensou-o de participar de algumas orações da comunidade e aconselhou: "Cuide de sua crise, veja o que quer de sua vida". Betto disse a ele que estava pensando em ir embora. Fazer o que na vida religiosa, se não tinha mais fé? Frei Martinho lhe perguntou: "Betto, se você estivesse caminhando à noite em uma floresta e a pilha de sua lanterna acabasse, o que faria? Continuaria caminhando ou esperaria amanhecer?" Betto deu a resposta óbvia: esperaria amanhecer. Frei Marinho acrescentou: "Então, espere amanhecer e leia os livros desta mulher". E deu a ele as obras completas de santa Teresa de Ávila.

Durante sete meses ele se dedicou a ler e a meditar aqueles livros, procurando seguir os ensinamentos da santa. O que aconteceu? Ele contou: "Por fim, tive uma experiência mística... Passei de uma fé sociológica para uma fé personalizada, foi o que aconteceu. Em mim desabou uma certa cultura religiosa que eu confundia com os fundamentos da fé... Descobri, depois, que não havia perdido a fé, havia perdido certa visão religiosa... Hoje, tenho a sensação de que, mais do que ter fé, é saber que Deus tem fé em mim, como acredito que Ele tem fé em todo mundo".[2]

Ter crises de fé não significa necessariamente perder a fé.

A NOITE ESCURA

Existe também um sofrimento que dizem ser um dos mais terríveis para aquele que crê: a noite escura do espírito. Essa expressão foi usada por São João da Cruz para significar o processo de purificação da alma, que acontece na obscuridade da fé e que prepara a alma para uma união mais íntima com o Senhor. É uma metáfora usada para indicar uma experiência mística que parece uma contradição, porque ilumina e, ao mesmo tempo, obscurece a consciência e acarreta sofrimento. Como o próprio nome indica, a noite acontece quando a alma é invadida por densas trevas, e a luz da fé perde o brilho. A pessoa se sente como se sua vida espiritual tivesse entrado em colapso ou como se de repente Deus a tivesse abandonado.

Parece que foi isto o que Jesus sentiu nos momentos finais de sua paixão. Sua noite escura teve início no Getsêmani, pouco antes de ser preso, e terminou na cruz com a sensação de abandono: "Meu Deus, meu Deus, por que me abandonaste" (Mt 27,46). Deus Pai quis que seu Filho passasse por todas as experiências dos humanos – inclusive pela noite escura da alma. Graças, porém, à tormenta física e mental, Je-

---

[2] Cf. Waldemar Falcão, *op. cit.*, p. 50 e ss.

sus ressurgiu como o Cristo cósmico, dando início a uma das mais influentes tradições religiosas do mundo.

A noite escura causa muito sofrimento, mas um sofrimento purificador. Embora a pessoa tenha a impressão de estar regredindo na vida espiritual, na realidade ela se torna mais virtuosa. É como um purgatório, a purgação da alma, que traz pureza e união com Deus.

Santa Terezinha do Menino Jesus passou pela noite do espírito. Ela mesma contou como tudo aconteceu. Primeiro, descreveu como era feliz com a fé clara e lúcida que antes tinha: "Via-me então na posse de uma *fé* tão viva, tão lúcida, que a ideia do Céu constituía toda a minha felicidade". Mas, de repente caiu a noite: "Permitiu (Deus) que minha alma fosse invadida pelas mais densas trevas, e que o pensamento do Céu, tão doce para mim, já não fosse senão motivo de luta e tormento... Quisera externar o que sinto, mas infelizmente julgo ser impossível. É preciso passar por esse lúgubre túnel para ter uma ideia de sua escuridão". Mais adiante ela soltou uma exclamação angustiante: "Lá se foi tudo! Quando quero repousar meu coração... meu tormento redobra. Parece que as trevas, usurpando a voz dos pecadores, dizem a chasquear de mim: 'Sonhas a luz, uma pátria embalsamada dos mais suaves perfumes. Sonhas a posse *eterna* do Criador de todas essas maravilhas. Crês que um dia sairás da cerração que te enrola! Avante, avante! Alegra-te com a morte. Dar-te-á não o que esperas, mas uma noite mais fechada ainda, a noite do nada'".

Em suas poesias ela cantava as venturas do céu, a eterna posse de Deus, mas confessou que não sentia nenhuma alegria, "pois canto simplesmente o que QUERO CRER". Mas, de quando em quando, as trevas eram aclaradas por um minúsculo raio de sol. "Então, cessa a provação *por um instante*. Mas, depois, em vez de me causar alegria, a lembrança dessa réstia de luz torna minhas trevas mais densas ainda."[3]

---

[3] Santa Teresa do Menino Jesus. *História de uma alma*. 11. ed. Editora Paulus, p. 218-221.

São admiráveis a coragem e a sinceridade com que a santa fez essas confissões em seu livro *História de uma Alma*. Ela poderia sofrer tudo em silêncio, sem contar nada para ninguém. Aliás, como faz muita gente. Podemos imaginar o grande tormento que a noite escura causou na santa, tormento que durou por um ano e meio, até sua morte. Mas é importante notar que ela não perdeu a fé. Ter dúvidas na fé não quer dizer falta de fé. Ela confessou que nunca fez tantos atos de fé como nessa época da noite do espírito.

Madre Teresa de Calcutá também passou pelo tormento da noite do espírito durante muitos anos de sua vida, como se pode concluir de suas cartas dirigidas a diversos conselheiros espirituais, publicadas no livro "Madre Teresa venha, seja minha luz" (2007), escrito pelo padre Brian Kolodiejchuk, que foi o postulador da causa de sua canonização. Nessas cartas, Madre Teresa revela dificuldades na fé. Em 1956 escreveu: "Tão profunda ânsia por Deus e ... repulsa – vazio – sem fé – sem amor – sem fervor... O céu não significa nada – reze por mim para que eu continue sorrindo para Ele apesar de tudo".

Mesmo vivendo no apagão da fé, ela nunca perdeu a fé nem a confiança em Deus, como se pode deduzir de uma carta: "Pela primeira vez ao longo de 11 anos cheguei a amar a escuridão. Pois agora acredito que é parte, uma parte muito, muito pequena da escuridão e da dor de Jesus neste mundo. O Senhor ensinou-me a aceitá-la (a noite escura) como um lado espiritual de sua obra. Hoje senti realmente uma profunda alegria: que Jesus já não pode passar pela agonia – mas que quer passar por mim. Abandono-me a Ele mais do que nunca. Sim, mais do que nunca estarei à disposição".

O papa Bento XVI comentou sobre as experiências espirituais de Madre Teresa e disse que "tudo aquilo que já sabíamos se mostra agora ainda mais abertamente: com toda a sua caridade, sua força de fé, Madre Teresa sofria com o silêncio de Deus". Embora não encontrasse auxílio nos sentidos nem alívio no espírito, ela viveu perfeitamente sua fé. Isso mostra que a fé não se reduz a uma emoção, a um sentimento nem mesmo à consolação espiritual. A fé é muito mais: é um ato da inteligência e da vontade que se firma em Deus, mesmo quando tudo parece forçar em direção contrária. Mesmo na aridez espiritual, mesmo sentindo o abandono e o silêncio de Deus, Madre Teresa não renunciou a Cristo.

Brigando com Deus

Brigar com Deus! Podemos? Na Bíblia há um exemplo: Jacó estava só em algum lugar. Apareceu um homem que começou a lutar com ele, e a luta continuou até surgir a aurora. Vendo que não o dominava, o homem tocou-lhe na articulação da coxa, e a coxa de Jacó se deslocou enquanto lutava com ele. Terminada a luta, o homem perguntou: – "Qual é o teu nome?" – "Jacó", respondeu ele. E o desconhecido retomou: – "Não te chamarás mais Jacó, mas Israel, porque foste forte contra Deus e contra os homens, e tu prevaleceste" (Gn 32,23-29).

Israel significa "aquele que lutou com Deus".

Então, podemos lutar com Deus, não no sentido de uma luta física, mas intelectual. Não devemos ter medo de lutar, de discutir com Deus; Ele nos deu a inteligência e podemos usá-la para raciocinar e até para contestar. Temos um exemplo no papa Bento XVI. Em maio de 2006, na visita à Polônia, no campo de concentração de Auschwitz onde morreram milhões de judeus, ele questionou: "Onde estava Deus naqueles dias? Por que ele se calou então? Como pode tolerar este excesso de destruição, este triunfo do mal?" Em seguida o papa cita as palavras do Salmo 44 que fala da lamentação de Israel sofredor: "E tu nos esmagaste onde vivem os chacais, e nos envolvestes em sombras da morte. Por ti fomos postos à morte, considerados como ovelhas num matadouro. Levanta-te, Senhor!

Por que pareceis dormir? Por que escondes o teu rosto, esquecendo de nossa miséria e opressão? Porque estamos prostrados no pó, e o nosso corpo está estendido no chão" (Sl 44*)*. Podemos dizer que o próprio Jesus brigou com o Pai, quando deu aquele grito no alto da cruz, queixando-se de abandono.

A pergunta do papa diante das atrocidades do holocausto é a pergunta que também muitos fazem: Onde estava Deus no "Tsunami" que devastou o Japão? Onde estava Deus no terremoto que causou tantas mortes no Haiti? Onde está Deus quando as coisas vão mal em minha vida?". Enfim, por que Deus aceita as fatalidades e desgraças?

Mas, em muitos casos, a pergunta na verdade não deve ser "Onde estava Deus?" A pergunta correta é: "Onde estava o homem?". Onde estavam com a cabeça Hitler e os nazistas, quando tiveram a ideia macabra de sacrificar barbaramente tanta gente? A aniquilação dos judeus, dos inválidos e dos homossexuais foi uma articulação científica multidisciplinar em que biólogos, químicos e engenheiros planejaram conscientemente a matança. E a humanidade estarrecida se põe a perguntar: "Por que acontecem essas coisas? Aonde queremos chegar?". De fato, o mundo mudou depois de Auschwitz, pois, em consequência das atrocidades nos campos de extermínio, houve uma decepção com as certezas científicas e com as pretensões dos cientistas. Afinal, o mundo que se considerava racional, "iluminado", científico e altamente civilizado cometeu a maior barbárie da história.

De tudo isso podemos concluir que o mal pode ser a causa na vontade livre dos homens. Os milhares de desgraças que parecem derivar do mal, na realidade, têm a causa no próprio homem. Vejamos:

A vítima pode ser o próprio sujeito no caso de: ingestão de álcool e drogas, excesso de trabalho, suicídio.

As vítimas podem ser os outros no caso de: homicídios, latrocínios, agressões, sequestros, imprudência no trânsito, estupros, aborto, escravidão.

RAZÃO E FÉ | Reflexões para uma fé adulta

A vítima pode ser a sociedade no caso de: guerras, genocídio, escravidão, xenofobia.

A vítima pode ser a natureza no caso de: queimadas, desmatamentos, poluição do ar, da água, do solo, extinção de plantas e animais.

Muitas desgraças que atribuímos a Deus são causadas pelos próprios homens.

SECULARISMO

Quem lê a Bíblia nota nela uma atmosfera de fé onde tudo respira Deus. O universo bíblico é inteiramente dedicado à ideia de Deus, nada tem de secularizado. A fé e a religião dominam o cenário. Mas o mundo atual em que vivemos, ao contrário, respira pouco de Deus e muito do "século", isto é, das coisas do próprio mundo. Estamos vivendo na chamada era do secularismo.

O papa Bento XVI afirma: "Encontramo-nos diante do confronto entre dois mundos espirituais, o mundo da fé e o mundo do secularismo. A questão é: em que o secularismo tem razão? Em que coisa, portanto, a fé deve apropriar-se de formas e de imagens da modernidade, e em que deve, ao contrário, opor resistência? Essa grande luta atravessa hoje o mundo inteiro". O paganismo de vez em quando aflora na humanidade. O homem, diz o papa, recai sempre para aquém da fé, torna-se pagão, na acepção mais profunda do termo, toda vez que deseja voltar a ser unicamente ele próprio. E, no entanto, sempre se manifesta de novo a presença divina no homem. Essa é a luta que atravessa toda a história. Luta que está acontecendo também hoje.[4]

O cristão percebe a força contrária do secularismo e sente uma certa dificuldade de viver sua fé com autenticidade. Parece que a secularização da sociedade moderna está perto de chegar a um ponto extremo. Existem fatos que o compro-

---

[4] Papa Bento XVI, *op. cit.*, p. 79-81.

vam e que são verdadeiros pontos de interrogação. O que significa, por exemplo, o consumo alarmante, principalmente entre os jovens, de bebidas alcoólicas e de drogas? Nesse fenômeno que se torna cada vez mais comum e mais grave no mundo inteiro, há certamente hedonismo, fuga e alienação. Parece que a secularização trouxe uma grande insatisfação. Segundo psicólogos eminentes, por trás da bebida e das drogas, há uma forte, embora obscura, aspiração para alguma coisa transcendente, uma busca instintiva de sensações intensas que só se alcançam na experimentação dos mistérios de Deus. O teólogo batista Harvey Cox chama os hippies de "neomísticos", porque esses grupos desejam satisfazer uma profunda e ancestral aspiração do homem para experimentar, de maneira imediata, o sagrado e o transcendente. Esses fatos estão demonstrando que a ciência, a técnica, o materialismo, o consumismo exagerado não são capazes de sufocar a eterna e insaciável sede de Deus que existe no ser humano.

O papa Bento XVI faz uma análise de como está nosso mundo secularizado. Nos últimos vinte e cinco anos, verificou-se uma grande transformação na geografia religiosa. Em países e em áreas onde anteriormente os católicos eram noventa por cento da população total ou até mesmo mais que isso, seu número desceu aos sessenta por cento. É uma dupla transformação: de um lado, existem as seitas evangélicas que alteram fortemente aquela geografia e que, no entanto, são instáveis e não criam nenhuma pertença duradoura; de outro, existe o secularismo que, através dos meios de comunicação de massa, exerce grande influência e transforma as consciências. Nesse sentido, realmente existe uma crise cultural que penetra em profundidade. Tanto mais importante é, por isso, que a fé católica se apresente de modo novo e vivo e se mostre como força de unidade, de solidariedade e de abertura para o eterno daquilo que existe no tempo.[5]

---

[5] *Ibidem*, p. 143-144.

Mas a secularização não deve minar nossa fé. É o que diz Inácio Larrañaga:

> Muitos irmãos temem que o processo de secularização acabe minando as bases da fé, e que, por conseguinte, a vida com Deus vá se inibindo em uma decantação progressiva até acabar de uma vez. Minha impressão pessoal é justamente contrária. A secularização poderia ser equiparada à noite escura dos sentidos. É a purificação mais radical da imagem de Deus. Justamente por isso, o crente da era secularizada poderá viver, finalmente, a fé pura e despida, sem falsos apoios.[6]

De tempos em tempos aparece na história da humanidade a tentativa de afirmar que Deus está morto. E como consequência, há uma corrida para o materialismo, para os bezerros de ouro, como acontecia nas narrações bíblicas. Mas a história recente mostra que uma sociedade sem Deus produz consequências terríveis para a humanidade. Não foi isso o que aconteceu no século passado com suas guerras mundiais e seus campos de concentração assassinos? Os sistemas secularizados e ateus no Oriente e no Ocidente introduziram uma época sem Deus que levou o mundo à ruína, definida pelo escritor americano Louis Begley como "um réquiem satânico".

O secularismo, com seus efeitos tão preocupantes e desastrosos, pode levar-nos a refletir sobre aquelas coisas fundamentais que sempre ardem sem se consumir no pensamento humano: Quem somos? De onde viemos? Para onde vamos? Qual é o sentido de nossa vida? Uma visão materialista da vida não tem respostas satisfatórias para essas preocupações. É preciso buscá-las no mundo espiritual.

Ao contrário do secularismo e do ateísmo, a religião representa uma grande força canalizada para o bem que ilumina toda a história da humanidade. O cristianismo se difundiu

---

[6] Inácio Larrañaga, *op. cit.*, p. 12.

pelo mundo fazendo o bem. Durante seus dois milênios de existência, ele construiu inúmeros hospitais para cuidar dos doentes, fundou orfanatos para abrigar os órfãos e os pobres, trazendo alívio e conforto para os mais desamparados. A Igreja católica é a maior organização beneficente da terra. Educou mais crianças do que qualquer outra instituição educativa. Fundou as primeiras universidades e desenvolveu os métodos científicos. Sempre defendeu a dignidade da pessoa humana e preservou o casamento e a família. A Igreja católica produziu muitos santos que viveram antes de nós e nos servem como exemplos, como Francisco de Assis, Vicente de Paulo, Madre Tereza... Por séculos os fiéis católicos oram pela humanidade, a cada dia e a cada hora em que a missa é celebrada. A partir dos apóstolos e de Pedro, o primeiro papa, a Igreja é guiada por pastores que conduzem os fiéis com segurança em um mundo confuso e difícil de viver. A Igreja católica é, sem dúvida, a maior benfeitora da humanidade.

Em contraste com os benefícios trazidos pelo cristianismo, que respeita o ser humano feito à imagem de Deus, as novas ideologias do secularismo levam ao desrespeito e ao desprezo. Então, o homem torna-se um destruidor.

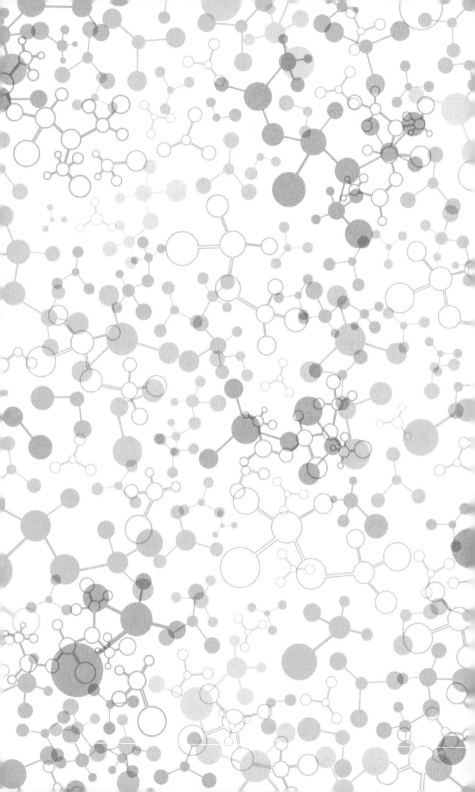

13 | O PECADO ORIGINAL

A Igreja tem como um artigo de fé a doutrina sobre o pecado original. Nos dias atuais, mais do que nunca, os cristãos fazem perguntas: "O que é esse pecado original? Ainda hoje devemos acreditar nessa doutrina? O que realmente ensina a Igreja?". Essas dúvidas têm origem na teoria da evolução darwiniana, que sugere que já não haveria lugar para a doutrina de um primeiro pecado, que depois se difundiu em toda a história da humanidade. E, consequentemente, se não existe um pecado na origem, também a doutrina da Redenção por Jesus Cristo não teria fundamento.

Existe o pecado original?

Vamos responder a essa pergunta com base na catequese que o papa Bento XVI proferiu na audiência geral do dia 3 de dezembro de 2008.

Ele inicia dizendo que é necessário distinguir dois aspectos da doutrina sobre o pecado original. Existe um aspecto *empírico*, isto é, uma realidade concreta, visível, tangível para todos. E um aspecto *misterioso*, que diz respeito ao fundamento do próprio fato. O dado empírico é que existe uma contradição em nosso ser. Por um lado, o homem sabe que deve fazer o bem e intimamente tem o desejo de fazê-lo. Mas, ao mesmo tempo, sente também outro impulso de fazer o contrário, de seguir o caminho do egoísmo, da violência, de fazer só o que lhe apetece, mesmo sabendo que assim age contra o bem, contra Deus e contra o próximo. Essa contradição interior de nosso ser não é uma teoria. Cada um de nós a experimenta todos os dias. E, sobretudo, vemos sempre, em torno de nós, a superioridade dessa segunda vontade. Basta pensar nas notícias diárias sobre injustiças, violência, mentira, luxúria. Cada dia a vemos: é uma realidade.

Como consequência desse poder do mal dentro de nós, desenvolveu-se um rio sujo que corre e envenena a geografia da história humana. O grande pensador francês Blaise Pascal falou de uma "segunda natureza", que se sobrepõe a nossa natureza original, boa. Essa contradição do ser humano, da história humana, deve provocar, e provoca também hoje, o desejo de redenção. Na realidade, o desejo de que o mundo mude e a promessa de que se criará um mundo de justiça, de paz e de bem, está presente em todas as partes; na política, por exemplo, todos falam da necessidade de mudar o mundo, de criar um mundo mais justo. E precisamente isso é a expressão do desejo de que haja uma libertação da contradição que experimentamos em nós mesmos.

Portanto, a existência do poder do mal no coração humano e na história humana é um fato inegável.

Como se explica esse mal?

Na história do pensamento humano existe um modelo de explicação, conhecido como *dualismo*. Esse modelo diz: o próprio ser é contraditório, leva em si tanto o bem como o mal. Na antiguidade, essa ideia implicava a opinião de que existiam dois princípios: um princípio bom e um princípio mau. Este dualismo seria insuperável: os dois princípios estão ao mesmo nível e, por isso, existirão sempre. A contradição de nosso ser, portanto, apenas refletiria a contrariedade dos dois princípios divinos, por assim dizer.

No mundo moderno, por influência da teoria da evolução darwiniana, supõe-se que os seres trazem em si, desde o princípio, o bem e o mal. Não existem dois principios independentes do bem e do mal. É a teoria conhecida como *monismo*. O próprio ser não é simplesmente bom, mas aberto ao bem e ao mal. E a história humana repetiria somente o modelo já presente em toda a evolução precedente. O que os cristãos chamam de pecado original seria na realidade apenas o caráter misto do ser, uma mescla de bem e mal que, segundo esta teoria, pertenceria à própria matéria do ser. É uma visão no fundo desesperada: se é assim, o mal é invencível. No final, só conta o próprio interesse. E todo progresso teria de ser pago necessariamente com um rio de mal, e quem quisesse servir ao progresso deveria aceitar pagar este preço. A política, no fundo, baseia-se nessas premissas; e vemos os efeitos dela. Esse pensamento moderno, no final, só pode trazer tristeza e cinismo.

A VISÃO DA FÉ

Então, perguntamos: O que diz a fé? Como explicação, em contraste com o dualismo e o monismo, a fé diz-nos: existem dois mistérios, um da luz e um da noite que, no entanto, está rodeado do mistério da luz.

O primeiro mistério da luz é este: a fé diz-nos que não há dois princípios, um bom e um mau, mas há um só princípio, o Deus criador, e este princípio é bom, só bom, sem sombra de mal. E, por isso, o ser também não é uma mistura de bem e de mal; o ser como tal é bom e por isso é bom existir, é bom viver. Esse é o alegre anúncio da fé: só há uma fonte boa, o Criador. E por isso, viver é um bem, é algo bom ser um homem, uma mulher, é boa a vida.

Depois, segue-se um mistério de escuridão, da noite. O mal não vem da própria fonte do ser. O mal vem da liberdade humana, da liberdade abusada.

Como aconteceu?

Como aconteceu o pecado original, isto permanece obscuro, diz o papa. E entramos no aspecto misterioso da coisa. O mal não é lógico. Só Deus e o bem são lógicos, são luz. O mal permanece misterioso. Ele é representado, com grandes símbolos, como acontece no capítulo 3 do Gênesis, com aquela visão da árvore e seus frutos, da serpente, do homem pecador. Uma grande imagem que nos faz adivinhar, mas que não pode explicar o que é em si mesmo ilógico. Podemos adivinhar, não explicar; nem sequer podemos narrá-lo como um fato junto a outro, porque é uma realidade mais profunda. Fica como um mistério obscuro, de noite. Mas se lhe acrescenta imediatamente um mistério de luz. O mal vem de uma fonte subordinada. Deus, com sua luz, é mais forte. E por isso, o mal pode ser superado. Por isso, a criatura, o homem, é curável.

A visão dualista e também o monismo não podem dizer que o ser humano pode ser curado; mas se o mal procede só de uma fonte subordinada, é certo que o ser humano pode ser curado.

O ser humano está curado

O ser humano não só pode ser curado, mas está curado de fato. Deus introduziu a cura. Entrou pessoalmente na história. A resposta ao pecado original é a encarnação de Deus na pessoa de Jesus Cristo. Deus se torna um ser humano e, dessa forma, podemos "compartilhar o divino". Com isso é preenchido o desejo mais profundo do ser humano. Fomos absorvidos por Deus. Nossa finitude é permeada pela infinitude de Deus, nossa mortalidade pela imortalidade de Deus, nossa transitoriedade pela eternidade de Deus. Cristo crucificado e ressuscitado, novo Adão, opõe ao rio sujo do mal um rio de luz. E este rio está presente na história: vemos os santos, os grandes santos, mas também os santos humildes, os simples fiéis. Vemos que o rio de luz que procede de Cristo está presente, é forte.

O QUE A CIÊNCIA PODE DIZER?

Hoje em dia, são feitas muitas pesquisas tentando relacionar a neurociência com as coisas do espírito e da religião. Um dos maiores pesquisadores nesse campo é o neurofisiologista norte-americano Paul D. MacLean. Segundo ele, durante a evolução dos animais, formaram-se três cérebros funcionais e interligados: o cérebro dos répteis, dos mamíferos e dos humanos. Esses cérebros foram acrescentados um sobre outro, em camadas distintas. O último a se formar foi o assim chamado neocórtex, que podemos comparar como a cobertura, o telhado da casa. Ele é próprio do ser humano e é o responsável pela nossa inteligência, pelos nossos raciocínios e pensamentos. Portanto, nós, humanos, somos dotados de três cérebros, uma "trindade" com a qual podemos perceber as coisas que nos rodeiam e reagir de três maneiras diferentes.

Segundo os estudos de MacLean, o primeiro cérebro é o dos répteis, o mais primitivo dos três. Os animais que só possuem esse cérebro são as serpentes, os lagartos, os jacarés e as tartarugas. As funções específicas do cérebro reptiliano são a luta pela sobrevivência, a autopreservação da vida, a procura e armazenamento de alimentos, a defesa do território. Esses animais não dão atenção aos recém-nascidos, não educam os mais jovens nem ensinam os comportamentos necessários para a sobrevivência. As tartarugas, por exemplo, botam os ovos na areia e somem; os nascituros que se virem sozinhos. Nem os filhotes desses animais nem os adultos costumam brincar entre si. Os répteis não são capazes de manter memórias, fazer planejamento, ter empatia ou consciência.

O cérebro reptiliano que existe em nós é ativo e governa os instintos herdados dos répteis, instintos que não têm nada de divino ou altruísta.

Por cima do cérebro dos répteis, formou-se, no processo de evolução, o cérebro dos mamíferos. Ele é responsável pelos comportamentos emotivos e afetivos, pelos relacionamentos e pelas memórias.

O terceiro cérebro, o neocórtex, o mais recente e específico dos humanos, é a sede da autoconsciência, do pensamento abstrato, do poder de planejamento, da palavra. Os dois primeiros cérebros não têm a capacidade de lidar com pensamentos abstratos nem com a palavra falada, que são características específicas do terceiro cérebro.

Então nós, humanos, temos três cérebros dentro de nós. E os três são ativos, cada um agindo de acordo com suas especialidades. Às vezes, temos a impressão de que esses três cérebros estão lutando por hegemonia dentro de nós, sem se comunicar convenientemente, como se falassem em códigos diferentes. O Dr. Raul Marino Jr. faz uma analogia:

> Esta guerra entre nossos cérebros tem sido muitas vezes simbolizada por um réptil especial, a serpente. Desde os primeiros escritos sacros, como no Gênesis, a serpente tem sido utilizada para simbolizar as forças do mal e da traição, sem contar os efeitos de seu veneno. Esses répteis têm representado a agressividade, o assassinato e a maldade em assuntos morais e sexuais, tão presentes hoje no cinema e na televisão: gangues, seitas agressivas e racistas, vulgarização da violência, do crime e da corrupção generalizada – um comportamento que parece ser motivado por um piloto automático localizado em alguma parte de nosso cérebro.[1]

Os produtores de cinema, de novelas, de jogos de diversão para computador sabem muito bem desse lado agressivo do ser humano e tiram proveito disso produzindo obras que exploram as lutas com tiros, socos e pontapés, onde o ódio, a vingança, o ciúme, o sexo correm soltos. Essas ações prendem a atenção porque "massageiam o ego" do componente reptiliano que existe em nós.

Uma vez, vendo na televisão um anúncio de luta livre que apresentava algumas cenas bárbaras desse tipo de luta, alguém a meu lado comentou: "Coisa de bicho". Eu concordei.

---

[1] Dr. Raul Marinho, *op. cit.*, p. 81.

A lei brasileira proíbe as rinhas de galo e pune com cadeia os que organizam tais rinhas. Mas, ironicamente, não proíbe as "rinhas de gente" e até mesmo permite que sejam transmitidas pela televisão.

Essas coisas de bicho que existem em nós ajudam a entender a passagem de São Paulo na carta aos Romanos:

> Realmente não consigo entender o que faço; pois não pratico o que quero, mas faço o que detesto.
> Ora, se faço o que não quero, eu reconheço que a Lei é boa. Na realidade, não sou mais eu que pratico a ação, mas o pecado que habita em mim.
> Eu sei que o bem não mora em mim, isto é, em minha carne. Pois o querer o bem está a meu alcance, não porém o praticá-lo. Com efeito, não faço o bem que eu quero, mas pratico o mal que não quero.
> Ora, se eu faço o que não quero, já não sou eu que estou agindo, e sim o pecado que habita em mim... Eu me comprazo na lei de Deus segundo o homem interior; mas percebo outra lei em meus membros, que peleja contra a lei de minha razão e que me acorrenta à lei do pecado que existe em meus membros.
> Infeliz de mim! Quem me libertará deste corpo de morte? (Rm 7,15-24)

Esse texto paulino descreve a eterna luta entre o bem e o mal dentro de nós. Pode-se supor que essa luta seja causada por aquilo que cada um dos três cérebros reclama e exige.

É doutrina da Igreja que existiu algo que chamamos pecado original. O Catecismo da Igreja Católica ensina: "A doutrina do pecado original é, por assim dizer, o reverso da Boa Notícia de que Jesus é o Salvador de todos os homens, de que todos têm necessidade da salvação e de que a salvação é oferecida a todos, graças a Cristo. A Igreja, que tem o senso de Cristo, sabe perfeitamente que não se pode atentar contra a revelação do pecado original sem atentar contra o mistério de Cristo" (Catecismo da Igreja Católica, n. 389. São Paulo: Loyola).

RAZÃO E FÉ | Reflexões para uma fé adulta

Como aconteceu e onde aconteceu o pecado original, não sabemos exatamente. Conforme vimos acima na catequese do papa, o acontecimento é uma coisa obscura e misteriosa. A Bíblia descreve o fato, mas envolvendo-o em símbolos: jardim do Éden, árvore do bem e do mal, fruto proibido, serpente...

Quem deve comandar?

Se temos três cérebros, não podemos esquecer que existe uma hierarquia entre eles. Temos o menos evoluído – o reptiliano – e o mais desenvolvido – o humano. Qual deles deve comandar ou administrar nosso comportamento? Certamente o cérebro humano. É ele que deve dar as cartas. Mas, de um modo democrático, sem dominar despoticamente os outros dois. O cérebro superior deve deixar que os outros dois inferiores também se manifestem e exerçam suas funções específicas, mas de um modo equilibrado. Aqui vale aquele antigo ditado que se dizia em latim: *in medio virtus* – a virtude está no meio, nem muito para um lado nem exageradamente para o outro. É a lei do bom senso. Se essa lei for desrespeitada, o que pode acontecer? O cérebro humano pode dominar como ditador sobre os outros dois, e estes podem se revoltar, trazendo desequilíbrio na personalidade da pessoa. Ou, ao contrário, os outros dois podem impor sua ditadura e, então, a pessoa cai na mais baixa degradação moral.

Nós, humanos, precisamos viver em equilíbrio, como que em cima de um fio de navalha. E não é fácil. A história da humanidade que o diga, com as muitas besteiras já cometidas, como as guerras mundiais, os holocaustos nos campos de concentração, o marxismo-comunismo... Aqui me lembro daquela canção "A arca de Noé", do italiano Sérgio Endrigo, cujo refrão repete: "Che fatica essere uomini!" – como é cansativo ser humano!

14 | O ECUMENISMO

Vimos no início a diferença entre espiritualidade e religião. A espiritualidade é universal, é uma característica dos seres humanos, ela está em nosso íntimo, é algo subjetivo. A religião ou religiosidade é alguma manifestação da espiritualidade com base na cultura, na tradição e nas crenças de cada povo. Cada cultura tem sua própria forma de religião, sua maneira peculiar de manifestar ou externar sua espiritualidade.

Por isso, há uma grande diversidade de religiões. Mas o que preocupa é que muitas delas não se entendem e se contradizem em seus credos. Isso torna alvo fácil para as críticas dos cientistas e dos ateus.

É um problema que a Igreja católica ultimamente tem se esforçado para resolver ou pelo menos minimizar, lançando a campanha do ecumenismo. No último Concílio Vaticano II foi redigido um documento sobre o assunto. Na declaração *Dignitatis Humanae*, o Concílio proclamou, com vigor, o direito à liberdade religiosa. Nela se afirma que "os homens e mulheres de hoje tornam-se cada vez mais conscientes da dignidade da pessoa humana e reivindicam a capacidade de agir segundo a própria convicção e com liberdade responsável, não forçados por coação, mas levados pela consciência do dever".

Para defender o estado laico, muitos pretendem sufocar a liberdade religiosa. No entanto, é firme convicção da Igreja católica que a liberdade da comunidade, da família e de cada indivíduo de professar a própria religião é direito que

RAZÃO E FÉ | Reflexões para uma fé adulta

deve ser respeitado pelo Estado e por todos. É evidente que as pessoas, no exercício de praticar livremente a própria religião, devem ter em conta os direitos dos outros e seus próprios deveres para com os outros e com o bem comum.

Cada pessoa deve responder livremente a Deus com a fé. Por isso, ninguém pode ser forçado a abraçar a fé contra a própria vontade. Ao chamar os discípulos para seu seguimento, Jesus não forçou ninguém, mas respeitou a livre resposta de cada um. A Igreja segue o ensinamento de Jesus, promovendo a liberdade religiosa. Assim, quem professa sua própria religião deve respeitar os que professam outra religião diferente ou os que não professam religião nenhuma. "É para que sejais livres que Cristo vos libertou", dizia o apóstolo Paulo aos Gálatas (Gl 5,1).

Devemos reconhecer, no entanto, que a Igreja católica nem sempre pensou assim, e o Concílio Vaticano II trouxe uma novidade. Nos tempos remotos, bem antes do Concílio, a Igreja tinha mentalidade *exclusivista*, isto é, pensava que somente o catolicismo estava com a verdade e as outras religiões estavam erradas. Hoje os únicos representantes desse modo de pensar são os *fundamentalistas*.

Os *inclusivistas* são aqueles que ainda continuam afirmando a verdade absoluta do catolicismo, mas dá uma chance às outras religiões: elas podem captar, de maneira velada, elementos parciais daquela realidade divina que, ao cristão, foi revelada em sua plenitude total através de Jesus. O Concílio Vaticano II é adepto desse modo de pensar. No entanto, hoje em dia esse modelo é criticado por alguns teólogos, porque parece conter certo paternalismo da Igreja católica em relação às outras religiões.

Existem os *pluralistas*, são aqueles que abrem mão da reivindicação do caráter absoluto do catolicismo ou de qualquer outra religião. Esse modelo relativiza todas as religiões, ao mesmo tempo integrando-as. Mas, nem os muçulmanos nem os judeus iriam aceitar esse tipo de assimilação.

É muito importante que as religiões mantenham entre si um diálogo honesto e com respeito mútuo. No diálogo, cada um deve assumir a própria posição e, ao mesmo tempo, procurar entender a posição do outro; cada um deve aprender com o outro. Mas isso não significa que se deva misturar tudo, que seja necessário chegar a um denominador comum ou criar uma nova religião que esteja acima de todas as religiões, uma "super-religião". Diálogo frutuoso é aquele em que cada participante consegue admitir com maior clareza suas próprias convicções religiosas, respeitando as convicções do outro.

Por isso, o cristão deve estar bem ciente e convicto daquilo que é essencial em sua fé e daquilo que o diferencia dos outros, como dos muçulmanos, dos budistas e de outros grupos religiosos. As religiões professam crenças diferentes, mas também possuem crenças em comum. Acontece que muitos cristãos hoje em dia já não sabem o que é essencial para sua fé. Em seu livro *Introdução ao Cristianismo* (1968), o cardeal Ratzinger, depois papa Bento XVI, inicia com as seguintes palavras: "A questão do conteúdo e do sentido essencial que constituem a fé cristã hoje é toldada por um nevoeiro de incertezas como dificilmente poderia ter acontecido em algum outro momento da história". Por isso, na situação atual da teologia católica, torna-se urgente encontrar uma base comum, colocar-nos na condição de falar em uníssono sobre grandes temas e testemunhar Cristo como Deus vivente. Não poderemos realizar a plena unidade em um futuro próximo, mas devemos fazer todo o possível para cumprir uma missão comum neste mundo, para dar um testemunho comum.

Sobre as numerosas seitas cristãs, o papa diz:

> É preciso considerar quão diferenciado está o protestantismo em âmbito mundial. O luteranismo é só uma parte do protestantismo mundial. Há os reformados, os metodistas e assim por diante. Ademais, existe o fenômeno dos evangélicos que se difundem com um impulso poderoso e estão a ponto de modificar o pano-

> rama religioso nos países do Terceiro Mundo. Quando se fala de diálogo com o protestantismo, é preciso levar em consideração esta diversificação que varia também de país a país... De fato, é preciso admitir que o protestantismo deu passos que o distanciam de nós, como a ordenação das mulheres, a aceitação dos casais homossexuais e outras coisas semelhantes. Ademais, outras tomadas de posição sobre problemas éticos e modos de conformar-se ao espírito atual tornam difícil o diálogo.[1]

No relacionamento com os protestantes é necessário levar em consideração um fato histórico: após a assim chamada reforma luterana, há mais de quinhentos anos, houve uma divisão no modo de pensar entre católicos e protestantes: os católicos se fixaram mais nos sacramentos como fontes de salvação, ao passo que os protestantes deixaram os sacramentos de lado, exceto o batismo, e se fixaram na Bíblia – só a palavra de Deus salva. O cerne de toda a divisão entre católicos e protestantes parece estar nessa dicotomia de pontos de vista.

O papa faz uma analogia sobre a existência das diversas religiões. Diz ele que em uma orquestra há instrumentos diferentes: violino, flauta, contrabaixo, trompa, fagote, mas todos juntos produzem uma música maravilhosa. Isso significa que as pessoas com diferentes modos de pensar devem ter tolerância e aceitar a diversidade, sem se combaterem mutuamente. Por que o diferente de nós tem que nos ameaçar de alguma forma? A intolerância ou o fundamentalismo é a gente não aceitar o outro como ele é. Nós nos transformamos quando nos deparamos com os que têm ideias diferentes e somos enriquecidos pela troca de ideias.

Em um diálogo autêntico, não se trata de convencer o outro ou mostrar que a religião católica é a melhor. Antes de tudo, é necessário ter respeito pela outra religião e estar disposto a ouvir atentamente qual é a mensagem desta e disposto a aprender com ela. Por outro lado, no diálogo devemos deixar claro para

---

[1] Papa Bento XVI, *op. cit.*, p. 121.

os adeptos de outra religião o que nós consideramos como a essência de nossa fé. De onde se deduz a importância de saber com toda a clareza qual é a essência do cristianismo. Dizer apenas que todas as religiões são boas e que o objetivo de todas as religiões é o mesmo, significaria fazer confusão e misturar as religiões sem considerar aquilo que cada uma tem de característico.

O papa Bento XVI deixou orientações seguras para o diálogo entre as religiões. Segundo ele, o encontro das religiões não se realiza renunciando à verdade, mas tão somente aprofundando-se nelas intensamente. Há de se exigir o respeito pela fé dos outros e a disposição de procurar por verdades dentro do que nos parece estranho, verdades que nos dizem respeito e que podem nos corrigir e levar adiante. E, além disso, há de se exigir que nós estejamos dispostos a deixar que seja quebrada a estreiteza de nosso entendimento de verdade, que estejamos dispostos a aprender melhor o que já nos é próprio, através do entendimento do outro; isso nos permite seguir o caminho que leva ao Deus maior – na certeza de que nunca teremos em mãos toda a verdade sobre Deus e Jesus Cristo, mas que, perante ela, seremos eternos aprendizes, e em direção a ela seremos sempre peregrinos cujo caminho nunca tem fim.

Devemos notar que no Novo Testamento, os autores veem Jesus Cristo a partir de diferentes pontos de vista. Mateus vê Jesus tendo como pano de fundo a teologia judaica. Marcos o vê mais a partir da perspectiva romana. Lucas usa de sua cultura grega para mostrar Jesus aos leitores. João esboça uma imagem de Jesus que fornece uma resposta aos anseios da gnose. Paulo procura transmitir um Jesus nos moldes de sua própria formação farisaica. E os Padres da Igreja primitiva diziam que Deus espalhou as sementes de sua Palavra também em outras religiões. E essas sementes frutificaram.

O cristianismo não deve desprezar a sabedoria das outras religiões. Por isso, no diálogo, devemos integrar em nossa fé tudo o que pode tornar mais profundo nosso amor a Deus e o que enriquece nossa ligação com Jesus Cristo. São Paulo forneceu um critério de como lidar com as tradições religiosas de seu ambiente grego, onde se veneravam deuses gregos, romanos e orientais: "Discerni tudo e ficai com o que é bom" (1Ts 5,21). Um diálogo frutuoso não deve ser o reflexo de uma total falta de convencimento, mas da busca da verdade; não deve ser uma conversação sem rumo, mas voltada para o convencimento, para a busca da verdade, do contrário não terá valor.

Insistir, hoje em dia, na reivindicação do caráter absoluto do cristianismo sobre as outras religiões chega a ser quase escandaloso. São muitos os que gostariam que houvesse um diálogo em nível de igualdade entre as religiões e que acham que esse diálogo ficaria substancialmente perturbado se nos aferrássemos à reivindicação do caráter absoluto de nossa própria religião. Nós cristãos não podemos simplesmente deixar de lado a missão de que Jesus nos encarregou. Mas, hoje, qualquer missão deve se caracterizar pelo diálogo. Aquele que anuncia não somente doa, mas também recebe. O diálogo entre as religiões deveria se tornar cada vez mais uma atitude de escuta do *Logos*, a nos mostrar a unidade em meio a nossas separações e contradições.

Segundo Anselm Grün, "Deus falou também nas outras religiões. E podemos aprender muito com elas. Apesar disso, professamos que Deus se comunicou conosco através de Jesus Cristo de uma maneira singular".[2]

O teólogo Karl Rahner afirma que existe um "cristianismo anônimo". Isto significa que qualquer pessoa que vive de acordo com sua consciência é aceita por Deus, mesmo que seja ateu ou adepto de outra religião. A justificação, a ligação com Deus, a possibilidade de alcançar a vida eterna só encontram impedimento na consciência pesada do ser humano. Não temos direito de nos colocar acima dos outros por sermos cristãos, pois somos tão humanos, limitados e pecadores quanto os de outras religiões. Não somos necessariamente melhores que os outros.

---

[2] Anselm Grün, *op. cit.*, p. 160.

Anselm Grün tem também a convicção de que nossas afirmações sobre Jesus Cristo não podem se arrogar de serem absolutas. A reivindicação de verdade absoluta para o cristianismo somente pode se sustentar como aceitação de que nosso pensamento precisa se modificar constantemente. Portanto, devemos confessar que ainda não conhecemos Jesus Cristo em plenitude. E tudo o que pensamos e dizemos acerca de Jesus sempre traz também o cunho de nossas visões limitadas que, por sua vez, também sempre foram condicionadas pela nossa história de vida. Por esse motivo, podemos falar a respeito de Jesus Cristo somente com uma certa modéstia, acompanhada pela profunda confiança no caráter absoluto de Jesus Cristo, mas não no caráter absoluto do cristianismo.[3]

Fora do cristianismo também há salvação. Acreditamos que todos os que vivem em harmonia com a própria consciência alcançarão a salvação. Os cristãos têm apenas a incumbência de anunciar à humanidade inteira a Boa Nova do Evangelho e de dar testemunho da esperança que a morte e ressurreição de Cristo tornaram acessível ao mundo inteiro. Por isso, o cristão não deve se agarrar com unhas e dentes à ideia de que somente ele poderá chegar à salvação.

Os fiéis de outras religiões também colaboram para a paz entre as pessoas e entre os povos através de sua religiosidade, de suas orações e através de seus rituais e de sua fé. A Igreja católica tem a missão de anunciar a atuação de Deus no mundo inteiro, para que o mundo inteiro se sinta aceito e amado, redimido e liberto por Deus através de Jesus Cristo.

O papa Bento XVI afirma que entre os católicos "existem muitos que, de fato, na realidade de seu íntimo, não fazem parte dela (da Igreja). Já em seu tempo, santo Agostinho dizia: muitos que parecem estar dentro, estão fora; e muitos que parecem estar fora, estão dentro. Em uma questão como a fé e a pertença à Igreja católica, o dentro e o fora estão entretecidos misteriosamente".[4]

---
[3] *Ibidem*, p. 164.
[4] Papa Bento XVI, *op. cit.*, p. 22.

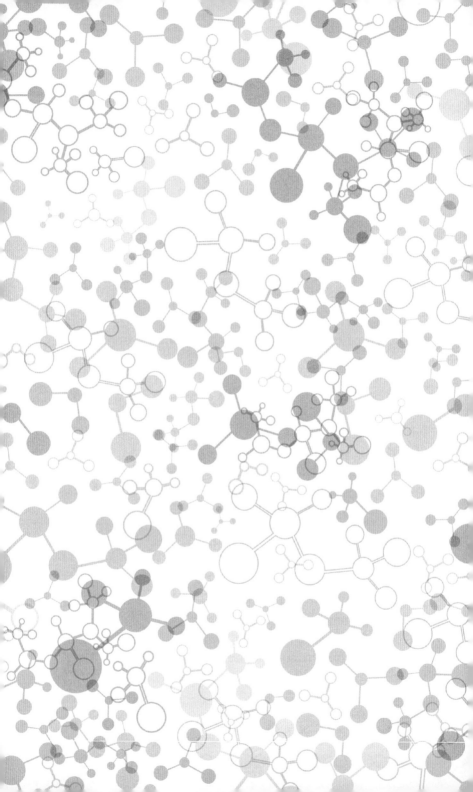

15 | AS ÚLTIMAS COISAS

*Não tenha medo de que sua vida acabe um dia!
Tenha medo, ao invés, de que ela não comece realmente.*
(Cardeal John Henry Newman)

O cristão crê na *comunhão dos santos*. O que isto significa? O papa Bento XVI explica: "Significa que todos nós (vivos ou mortos) estamos, de alguma forma, unidos por um laço mais profundo e nos reconhecemos, mesmo que jamais nos tenhamos visto, porque age em nós o mesmo Espírito, o mesmo Senhor... A fé confere, de fato, a nossa vida uma dimensão ulterior".[1]

Usando de uma analogia, podemos dizer que a comunhão dos santos é como a rede de comunicação da Internet que torna o mundo todo, incluindo o mundo sobrenatural, interligado.

Nós vivemos entre dois horizontes, que identificamos como *terra* e *céu*. A terra representa o caminho histórico que percorremos neste mundo; o céu significa a eternidade, a vida plena em Deus. Esses dois horizontes são unidos entre si pela *comunhão dos santos*, uma realidade que começa aqui na terra e se cumpre plenamente lá no céu. Nossa fé na vida eterna nos faz amar verdadeiramente a vida presente como peregrinos que estão aqui de passagem e que amam a terra porque tem os olhos no céu.

---

[1] Papa Bento XVI, *op. cit.*, p. 211-212.

Uma das tarefas da Igreja é levar as pessoas a olharem para além das penúltimas coisas e se colocarem em busca das últimas. A catequese aos fiéis sempre relembra os acontecimentos finais com aquelas quatro palavras: morte, juízo, inferno, paraíso. São os assim chamados *novíssimos*, acontecimentos que nos aguardam no futuro.

O papa se queixa dizendo que atualmente a pregação da Igreja se concentra mais na criação de um mundo melhor aqui na terra, enquanto que o mundo realmente melhor é pouco mencionado. Isto significa olhar apenas nosso horizonte visível e esquecer o mundo invisível que está do lado de lá. De fato, as pessoas de hoje não conseguem assimilar o ensinamento dos novíssimos. Parecem-lhes coisas irreais. No lugar deles, gostariam de obter respostas concretas para agora, soluções para os problemas cotidianos. No entanto, são respostas que ficam pela metade, se não permitem também pressentir e reconhecer que nós nos estendemos para além desta vida material, que existem a morte, o juízo e a eternidade. Nesse sentido, devemos também encontrar palavras e modos novos, a fim de permitir que as pessoas quebrem a barreira do som do finito.

O FIM DO MUNDO

O mundo vai acabar? Para essa pergunta podemos dar respostas do ponto de vista da ciência e do ponto de vista da fé. É preciso antes de tudo distinguir o que se compreende por mundo. Pode ser entendido de três modos diferentes: o universo todo, a terra em que vivemos ou, ainda, a humanidade que nele vive. Temos então o mundo físico das coisas materiais e inanimadas e o mundo dos seres vivos.

O universo vai acabar?

A ciência procura resposta para essa pergunta e já tem alguns dados. Vimos anteriormente que o universo está em expansão. Ele vai se expandir eternamente? Alguns pensaram que não, que vai expandir até um máximo e em seguida vai se encolher até um mínimo, até o *big crunch* (grande esmagamento). Em seguida haveria um novo *big bang* e começaria um novo ciclo. Assim, o universo seria como um imenso relógio, cujo *tic-tac* seria *big bang-big crunch*.

Mas essa ideia foi abandonada devido a evidências em contrário encontradas pelos cientistas. Descobriu-se que a expansão do universo é positiva; isto significa que a velocidade com a qual as galáxias se afastam umas das outras está aumentando e não diminuindo como seria de se esperar pela atração gravitacional. Segundo a lei de Newton, quando um objeto está em movimento acelerado, é sinal que alguma força está causando esta aceleração; do contrário, o objeto estaria em movimento uniforme. Existe, portanto, uma força ainda desconhecida que está pondo as galáxias "para correr", e os cosmólogos não veem como essa situação poderá ser revertida. O universo, então, vai se expandir eternamente, as galáxias vão se distanciando cada vez mais umas das outras, as partículas também e, por fim, vai acontecer o *big rip* (grande ruptura). Haverá o apagão total, e o universo vai virar poeira no infinito.

Marcelo Gleiser põe uma pontinha de esperança nessa visão melancólica: "Se você olhar bem para a frente no futuro, o universo vai se apagar; pouco a pouco o universo vai se apagar... Mas mil coisas podem acontecer para mudar isso".[2]

A terra vai acabar?

A ciência tem uma resposta: a terra vai acabar em fogo. Sabemos que o combustível que alimenta o sol é o hidrogênio, pois a energia solar é produzida pela reação atômica que transforma hidrogênio em hélio. Mas a reserva de hidrogênio no sol vai acabar um dia. Esse dia está bem distante, daqui a aproximadamente 5 bilhões de anos. Quando o hidrogênio acabar, dizem os cientistas, o sol vai explodir em uma estrela

---

[2] Cf. Waldemar Falcão, *op. cit.*, p. 182.

chamada Gigante Vermelha, tornando-se uma estrela enorme e superquente, que vai atear fogo nos planetas vizinhos, na terra inclusive. A terra, então, vai acabar em fogo.

A humanidade vai desaparecer um dia?

O astrofísico Stephen Hawking afirmou em uma de suas palestras que, se os humanos não escaparem para algum outro planeta fora de nosso sistema solar, antes que aconteça a explosão do sol, daqui a 5 bilhões de anos, vão desaparecer para sempre. Hawking tem uma previsão ainda mais pessimista: a raça humana poderá desaparecer bem antes dos 5 bilhões de anos, por culpa dos próprios homens. "Eu vejo um grande perigo para a raça humana. Houve vezes no passado em que a sobrevivência (do ser humano) foi incerta. A crise dos mísseis de Cuba em 1963 foi uma delas. É provável que a frequência dessas ocasiões aumente no futuro... Será difícil evitar o desastre nos próximos 100 anos, ainda mais nos próximos mil ou um milhão."

Será mesmo inevitável nossa destruição antecipada ou seremos capazes de garantir nossa sobrevivência mesmo com as ameaças das armas de destruição em massa? Infelizmente as armas nucleares são monstros que dificilmente vão desaparecer, porque as descobertas científicas não desaparecem, ficam para sempre. A bomba atômica é como a espada de Dâmocles, que está pendurada sobre nossas cabeças por um fio que a qualquer tempo pode se romper.

Então, existe essa previsão macabra: os próprios homens podem antecipar a data: basta um louco apertar o botão de lançamento de foguetes carregados com bombas nucleares, para a catástrofe acontecer. E loucos sempre existem por aí. Mas não só com bombas atômicas a humanidade poderá chegar ao fim. A destruição da natureza provocada pela poluição e pela devastação irresponsável poderá produzir também a catástrofe.

Então, a terra vai acabar no fogo e o universo vai acabar no gelo. Podemos ainda nos salvar sobre este planeta com nossas forças? O papa responde:

15 | AS ÚLTIMAS COISAS

O homem não está em condições de dominar a história a partir das próprias forças. Que o homem está em perigo e que coloca em perigo a si mesmo e ao mundo, hoje, é confirmado também por dados científicos. Pode ser salvo se em seu coração crescerem as forças morais; forças que podem brotar somente do encontro com Deus. Forças que opõem resistência. Por isso... temos necessidade de Cristo que nos reúne em uma comunidade a que chamamos igreja.[3]

O QUE ACONTECE DEPOIS DA MORTE?

A vida de cada indivíduo também terá seu fim: a morte certa. E o que acontece depois da morte? A ciência não sabe a resposta, porque na morte acabam para ela os dados experimentais e observáveis sobre o ser humano. Entra-se, então, no terreno restrito da fé. Somente a fé tem a resposta.

Na Igreja católica, a Congregação para a Doutrina da Fé elaborou a "Carta sobre algumas questões referentes à escatologia", que ensina o seguinte:

• Depois da morte, ocorre a sobrevivência de um *elemento espiritual*, dotado de consciência e de vontade. Subsiste, assim, o *eu humano*, enquanto carece do complemento de seu corpo. Esse elemento espiritual se chama *alma*.

• Aguarda-se a gloriosa manifestação de nosso Senhor Jesus Cristo, considerada, entretanto, distinta e postergada em relação à condição própria do homem imediatamente depois da morte. Alguns teólogos denominam *evo* esse "tempo" que medeia entre a morte e a ressurreição dos mortos, no juízo final. De fato, o *tempo* (com começo e fim) se refere ao homem na terra; a *eternidade* (sem começo e sem fim) é um atributo exclusivo de Deus e o *evo* (começa com a morte e não tem fim), típico do homem, é definido como uma *sucessão de atos psicológicos*.

---

[3] Papa Bento XVI, *op. cit.*, p. 217.

- A ressurreição dos mortos se refere *a todo o homem*, isto é, *corpo* e *alma*: para os eleitos não é, senão, a extensão da própria ressurreição de Jesus Cristo.
- A Igreja, em adesão fiel ao Novo Testamento e à tradição, crê na felicidade dos justos, que estarão um dia com Cristo no *céu*. Também crê no castigo eterno que espera o pecador, que será privado da visão de Deus e na repercussão dessa pena em todo o seu ser. Crê, finalmente, em uma eventual purificação para os eleitos, que precede à visão de Deus; de todo diversa, no entanto, do castigo dos condenados. Isso é o que entende a Igreja quando fala do *inferno* e do *purgatório*.
- Os cristãos devem manter-se firmes quanto a dois pontos essenciais: acreditar, por um lado, na *continuidade fundamental* que existe, por virtude do Espírito Santo, entre a vida presente em Cristo e a vida futura; por outro lado, saber que ocorre uma *ruptura radical* entre o presente e o futuro, pelo fato de que à economia da fé sucede a economia da plena luz.

Portanto o cristão, enquanto está neste mundo, vive uma grande esperança: a morte não é o fim inexorável em que tudo acaba, mas é o começo de uma nova vida. É o que diz São João: "Caríssimos, desde já somos filhos de Deus, mas o que nós seremos ainda não se manifestou. Sabemos que por ocasião desta manifestação seremos semelhantes a Ele, porque o veremos tal como Ele é". (1 Jo 3,2).

Charles Brown, que foi reitor da Universidade de Yale, dizia: "Há três coisas em que nunca pude acreditar:

- que Deus criasse um mundo como o nosso e depois lhe desse as costas;
- que Deus criasse o homem e depois o deserdasse na sepultura;

15 | AS ÚLTIMAS COISAS

• que Deus colocasse no coração do homem o desejo da imortalidade e depois falhasse em fazer as adequadas provisões para sua realização".[4]

A ciência sozinha não consegue dizer nada a respeito das últimas coisas que acontecem ao ser humano. Não sabe dar resposta às perguntas: para que vivemos? Para onde vamos? Quem fica somente com a ciência e dispensa a fé percebe que no fim da vida todas as portas lhe estarão fechadas, sem nenhuma esperança. A fé traz mais conforto.

---

[4] Cf Raul Marino Jr., *op. cit.*, p. 140.

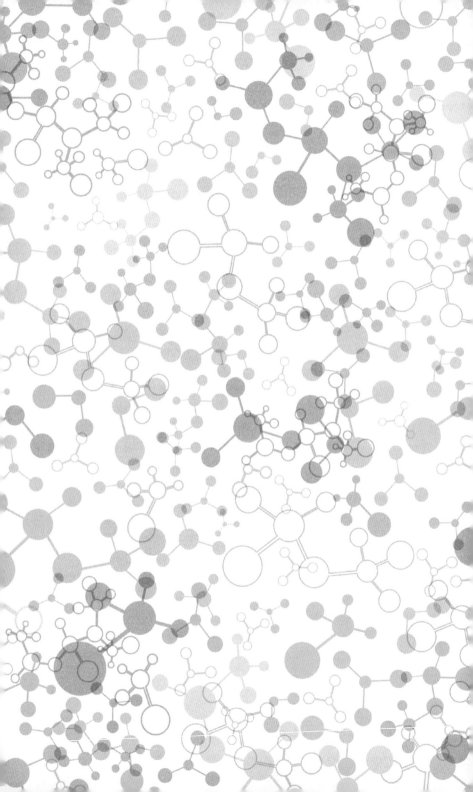

CONCLUSÃO

O preconceito de que fé e ciência não se dão bem ainda é forte hoje em dia, e os meios de comunicação teimam em divulgar essa ideia. Mas é doutrina firme da Igreja católica que fé e ciência devem caminhar lado a lado, sem se repelirem mutuamente. As verdades verdadeiras da fé e as verdades verdadeiras da ciência nunca se contradizem, porque ambas procedem de Deus, e Deus é a verdade. A ciência é um dos trilhos do caminho que devemos percorrer. O outro é a fé. É necessário nos apoiarmos firmemente nos dois trilhos para que nossa vida siga em equilíbrio e não venha a descarrilar. Na encíclica "Fé e razão", o papa João Paulo II começa dizendo que "a fé e a razão são as duas asas com as quais o espírito humano alça voo para contemplar a verdade" (João Paulo II. *Fides et ratio*).

A ciência é dinâmica, está sempre enfrentando novos desafios. Mas, ela sozinha não é capaz de responder às preocupações fundamentais do ser humano: Quem sou eu? De onde vim? Para onde vou? Por que este mundo existe? A ciência é boa em explicar *como* as coisas acontecem, mas não sabe explicar *por que* elas acontecem. Por isso, a ciência tem de ser complementada pela fé, que é boa no *porquê*.

O *cientificismo*, isto é, a crença de que a ciência é a única necessária e que é capaz de dar todas as respostas para nossas indagações, hoje já não se sustenta mais. Por outro lado, o *fideísmo*, isto é, a ideia de que devemos acreditar mesmo contra a razão é um absurdo.

Assim, cientistas e teólogos não devem querer anular os estudos e as pesquisas uns dos outros; mas, juntos, devem tentar sempre procurar encontrar as verdades verdadeiras. Fé e Ciência fornecem diferentes abordagens ao conhecimento. É importante compreender profundamente as duas. O grande cientista Louis Pasteur dizia: "A pouca ciência afasta de Deus, mas a muita ciência aproxima de Deus".

Uma fé adulta e responsável exige reflexão, para que não se torne crendice nem fanatismo nem superstição. Kenneth Miller (2007), professor de biologia na Brown University, diz que a ciência aprofunda e purifica nossa fé:

> Penso que fé e razão são ambas presentes de Deus. E se Deus é real, então a fé e a razão devem se completar uma a outra, em vez de estarem em conflito. A ciência é a filha da razão. E a razão nos deu a possibilidade de estabelecer o método científico de investigar o mundo a nosso redor e de mostrar que este mundo é muito mais vasto, muito mais complexo e muito mais maravilhoso do que alguém poderia ter imaginado há mil anos.
>
> Hoje, pode-se dizer que a ciência removeu alguns dos mistérios da natureza. Mas teria também removido a fé? Eu penso que não. Ao revelar um mundo que é infinitamente mais complexo e mais criativo do que nós jamais havíamos imaginado antes, a ciência de certo modo aprofunda nossa fé e nossa admiração pelo autor deste universo físico que aí está. E para quem tem fé, o autor é Deus.
>
> Sou um cientista e tenho fé em Deus. Mas isso não significa que a fé seja uma proposição científica. Fé e razão são ambas necessárias para que a pessoa religiosa possa entender melhor o mundo em que vivemos; e, em última análise, não existe necessariamente contradição entre razão e fé.

Dizer "Eu sei" é povoar de certezas nossa mente e satisfazer nossos mais profundos anseios intelectuais. Dizer "Eu creio" é povoar de esperanças nossa vida presente e permanecer na certeza que vale a pena viver, na expectativa de uma vida futura feliz.